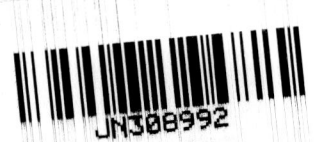

保育園・幼稚園の
先生の声で
選んだ

保育の ピアノ伴奏

子どもの大好きなうた150曲

乳幼児教育研究所
阿部直美 監修

日本文芸社

本書の特長と使いかた

特長1 6つのカテゴリで選曲もラクラク！
保育で使える曲が150曲

実際に保育園や幼稚園で働く方の声を反映し、保育の場面で使用頻度の高いうたを150曲集めました。また、「生活」「行事」「季節」「定番・人気」「手あそび」の6つのカテゴリ分けで、目的に応じた選曲がしやすい構成となっています。

特長2 ピアノが苦手でも大丈夫！
やさしいアレンジ楽譜

ピアノが苦手な方でも無理なく弾くことができるよう、全曲やさしくアレンジしています。また、楽譜はドレミのふりがなつきで、指を替えるところなど、ポイントとなるところには指番号もついています。

対象年齢

色がついている年齢が主な対象です。
指導の目安としてご活用ください。

解説

各曲について、保育の観点からの解説を入れています。

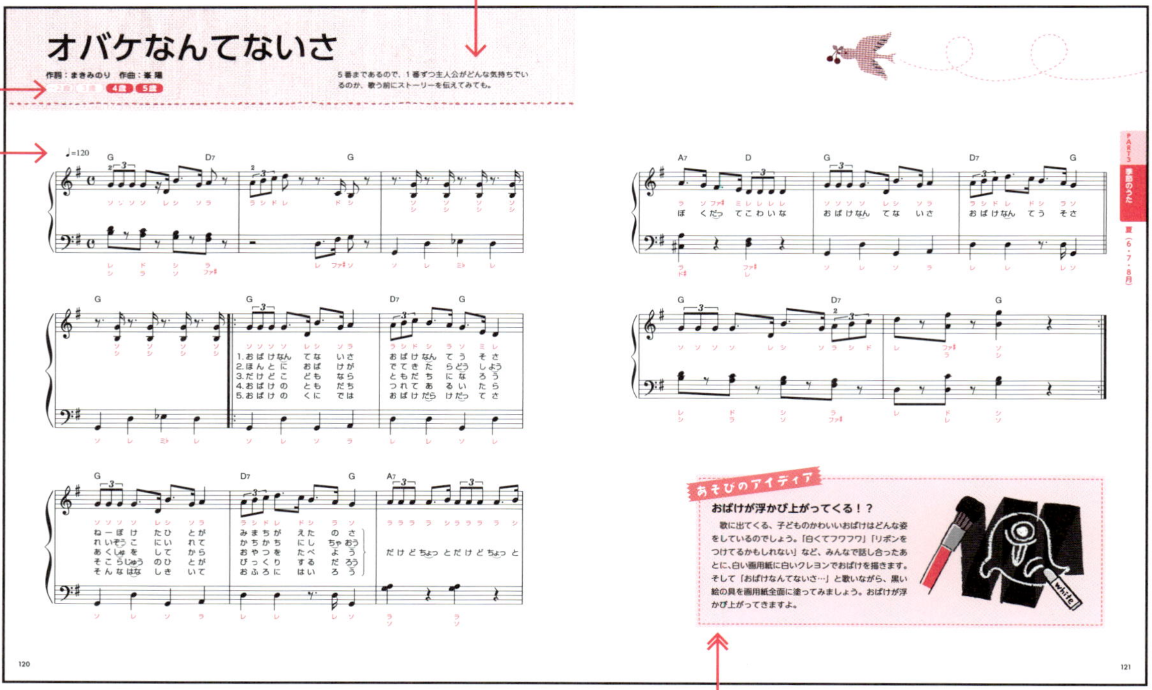

オバケなんてないさ
作詞：まきみのり　作曲：峯 陽
4歳 5歳
5番まであるので、1番ずつ主人公がどんな気持ちでいるのか、歌う前にストーリーを伝えてみても。
♩=120
あそびのアイディア
おばけが浮かび上がってくる！？
歌に出てくる、子どものかわいいおばけはどんな姿をしているのでしょう。「白くてフワフワ」「リボンをつけてるかもしれない」など、みんなで話し合ったあとに、白い画用紙に白いクレヨンでおばけを描きます。そして「おばけなんてないさ…」と歌いながら、黒い絵の具を画用紙全面に塗ってみましょう。おばけが浮かび上がってきますよ。
white
120
121

テンポ

各曲のテンポ（速度）の目安です。
メトロノームで確認しましょう。

あそびのアイディア

その曲を使いながらできるあそびや、曲と関連させながらできる活動を紹介しています。

ワンポイントアドバイス

その曲を演奏するうえでのアドバイスです。

本書では、保育者の方がピアノ伴奏をもっと楽しく、もっと気軽に行えるよう、さまざまな工夫を凝らしました。やさしく弾けるアレンジはもとより、弾きかたや曲選び、あそびかたのコツなど、保育の現場で今日からすぐに使える情報が盛りだくさんです。

特長3　歌うだけで終わらない！
あそびかたのコツがわかる

楽譜は全曲解説つき。また、随所に「あそびのアイディア」や「ワンポイントアドバイス」を盛り込んでいるので、うたを使った活動の際にとても役立ちます。

特長4　よくあるお悩みも解決！
弾き歌いやピアノ伴奏のコツがわかる

巻頭部分では、保育の場面での弾き歌いやピアノ伴奏について、ポイントをわかりやすく解説しています。また、コードについても触れていますので、コードを使った伴奏にチャレンジしたい人にもおすすめです。

あそびのきっかけづくり

自然に手あそびをはじめられるよう、導入の声かけなどを提案しています。

とんとんとんとんひげじいさん
作詞：不詳　作曲：玉山英光
〜2歳　3歳　4歳
「こぶ」や「ひげ」の絵なども見せながら、グーの手を使っていろいろなおじいさんを表現してみましょう。
あそびかた
あそびのきっかけづくり
「とんとん…」のこぶし打ちは、上下の手を入れ替えながら打ち合わせます。この部分をゆっくりとくり返し練習してから、うたに合わせて遊びます。
1 とんとんとんとん
両手で握りこぶしを作り、左右交互に上下に打ち合わせます。
2 ひげじいさん
あごの下で、両手の握りこぶしを重ねます。
3 とんとんとんとん こぶじいさん
1をしてから、ほほに握りこぶしをつけます。
4 とんとんとんとん てんぐさん
1をして、鼻の頭の上で握りこぶしを重ねます。
5 とんとんとんとん めがねさん
1をして、両手で輪を作って両目にあてます。
6 きらきらきらきら
両手を開き、手首を回してひらひら振りながら下におろします。
7 てはおひざ
両手をひざの上にのせます。
あそびのアイディア
とんとんとんとん じいさんが…！？
慣れてきたら、○○じいさんのあとに相の手を入れて遊びを盛り上げてみましょう。
(例)
・ひげじいさん「ビヨーン」…あごにつけた下のこぶしを前に伸ばす。
・こぶじいさん「ポロッ」…ほほにつけたこぶしを下に落とす。
・てんぐさん「ポキッ」…鼻につけたこぶしのうち、前方を折るようにして下に落とす。
・めがねさん「ズリッ」…両手を前方にずらして鼻めがねにする。
238
239

プロセス

手あそびのプロセスを、イラストつきで解説しています。

もくじ

PART 1 生活のうた

PART 2 行事のうた

PART 3 季節のうた

子どもともっと楽しむための
弾き歌いのポイント

子どもたちは歌うことが大好きです。美しい音楽に親しむことが、子どもたちの感性を刺激し、情操を育てるということは広く知られています。ここでは、子どもたちと楽しみながらうたあそびをするためのポイントを紹介します。

1 先生も楽しんでいる姿を見せる

年少児は、保育者がピアノのほうを向いているというだけですっと気持ちが離れたり、集中力が途切れたりします。保育者は常に子どものほうを向いて「あの子はどうかな？」と気を配り、「先生も一緒に参加しているよ 」ということを伝えることが大切です。

その手段のひとつが、曲の休符などに“身ぶり”を 入れることです。たとえば、『幸せなら手をたたこう』(P.223)なら、「幸せなら手をたたこう」と歌ったあとに保育者も“パンパン”と拍手をしてみます。

鍵盤から手をはなすのが不安なときは、声だけでも「パンパン」と言って拍手を促してみましょう。また、フレーズの切れ目などで「(ここは) やさしく歌うよ」「ハイ、大きなゾウさんだよ」といった指示を出してもよいでしょう。

2 イメージがふくらむ曲を選ぶ

ちょっと聞いただけでも心を打つ詞、印象的なメロディ…など、うた選びのポイントはたくさんありますが、園生活の場合は子どもの発達に添った曲を選ぶことが大切です。

そのひとつが、子どもが今興味を持っている事柄をテーマにした作品です。たとえば、カエルを飼育しているときに『かえるの合唱』(P.101) を指導すると、驚くほど早く覚え、かつ、生き生きと楽しそうに歌うことでしょう。

「みんなの歌をきいて、かえるさんもうれしいケロ。負けずに歌うでケロ…って言っているみたいだね」などと話すと、子どもたちはさらにイメージをふくらませ、歌うだけでなく「音楽の世界に心を遊ばせる」という楽しさを味わうことができるはずです。

3 文部省唱歌の指導法

園で歌われることが多い文部省唱歌。その歴史は古く、1881 年に出版された日本初の音楽教科書『小学唱歌集初篇』が元になり、数々の文部省唱歌が作られるようになりました。こうして生まれた作品は今なお歌い継がれ、これから先も伝えていきたい名曲ですが、歌詞が今の子どもたちにわかりにくいものがあります。

『紅葉《もみじ》』（P.142）の「秋の夕日に照る山もみじ」を「テル山という名の山のもみじ」だと勘違いしたり、また「濃いも薄いも」は池の「鯉」のことと思い込んでいたり…と意味を理解しないまま歌ってしまうことがあります。歌う前に保育者がていねいに言葉を説明しましょう。

また、文部省唱歌は全体にテンポがゆっくりしたものが多いので、ピアノ伴奏をするときは、速くならないよう 1 音 1 音ていねいに鳴らしましょう。

4 ストーリーを理解させる

現代の子どものうたには、『とんでったバナナ』（P.122）、『南の島のハメハメハ大王』（P.124）、『森のくまさん』（P.180）のように、物語になっているものがあります。こういったうたでは、まず詞の内容を簡単な紙芝居やおはなしなどにして、あらすじがわかるようにします。さらに、その詞の中でポイントとなる部分をかみくだいて説明すると、子どもたちがうたに入りこみやすくなり、興味も深まります。

たとえば、『南の島のハメハメハ大王』の 2 番の女王様は、朝日のあとに起きて、そして夕日の前に寝てしまいます。「遅起きで、超早寝」という、そのユーモラスな様子がわかると、子どもたちは自然と振りをつけたり歌ったりして、いつしかオペレッタ風の劇あそびへと発展することもあるでしょう。

こうしたうたは、歌詞が 1 番から 4、5 番くらいまであるパターンがほとんどです。ピアノ伴奏は単調にならないよう、音の強弱とテンポに気をつけ、ところどころ大きくクレシェンド※するなど、ミニ・オペラのイメージでドラマチックに演奏するとよいでしょう。

※クレシェンド…だんだん音を強くしながら演奏すること。

5 伴奏と子どもの歌声のバランスを考える

うたの伴奏には大きく 2 つの方法があります。

①子どもの声に寄り添って伴奏する
②リズム、テンポ、音量を伴奏がリードする

①は「子どもの声に合わせてピアノの音量を調節する」というテクニックです。子どもの歌声を常に聞きながら、ピアノが声をかき消したり、逆にピアノの音量が弱くなりすぎたりしないように気を配ります。ただ、こうして子どもに寄り添うような演奏をしていると、ときにテンポが遅くなったり、めりはりがなくなったりします。

そこで、②の方法で伴奏がうたをリードする必要があります。たとえば、『クラリネットをこわしちゃった』（P.220）で繰り返し出てくる「パキャマラド パキャマラド…」の部分は、うたの勢いが落ちてしまわないよう次第にテンポをあげながら演奏してみます。こうすることで、うたの楽しさが増すだけでなく、子どもたちの注意力、集中力を育てることにもつながるでしょう。①と②を使い分けてめりはりのある演奏を心がけましょう。

弾き歌いのお悩み解決 Q&A

ここでは、園で弾き歌いをして子どもたちとうたを歌う際、保育者さんたちがよく抱えているお悩みと解決方法を紹介します。

Q 子どものほうを見て演奏することができないのですが。

A まずは伴奏なしで子どもと一緒に歌いましょう。

保育現場での演奏の基本は、「保育者が子どもを見ながら弾き、同時に子どもと一緒に歌うこと」です。

難しい場合は、まずアカペラ（無伴奏）で子どもたちと一緒にメロディを歌い、メロディラインと歌詞を覚えるように指導します。次に、保育者が右手だけでメロディを演奏し、子どもたちはこれに合わせて歌ってみます。このとき、できれば保育者は「少し小さい声で」「ハイ、元気よく」などの相の手を入れ、歌いかたを示してあげましょう。

これができるようになってから、左手で伴奏をつけると、保育者が楽譜のほうしか見ていなくても、子どもたちはきちんと歌うはずです。けれども、ときどきは子どものほうを見てあげてくださいね。

Q どうしても緊張してうまく弾けません。

A 繰り返し練習して自信をつけて。

「苦手だ！」と思うだけでうまく指が動かせなくなることがあります。ピアノの上達は、練習量に比例するので、折をみて繰り返し練習し、自信をつけてください。音が跳躍しているところや 16 分音符などの細かく動くところを徹底的に練習するだけでも、上手に弾けたように聞こえます。まずは右手だけでもよいので、子どものほうを見て演奏できるようになりましょう。それで自信がつけば、緊張も和らぎます。

Q 音痴なので、子どもを指導するのが不安です。

A 正しく歌えるように訓練してみましょう。

音程やリズムが正確にとれないことを、音痴といいますが、本当の音痴の発現率は 1 ～ 2%といわれています。もしかしたら思いこみかもしれませんよ。

うたは、訓練すればほとんどの人が正しく歌えるようになるといわれています。右の方法で繰り返し練習してみてください。

歌の練習方法

①まず、メロディラインをハミングで歌う。

②メロディラインを母音だけで歌う。

フレーズのはじめに子音を入れると音程がはまりやすくなります。

③②をスタッカートで歌ってみる。

『ちょうちょう』（P.84）

②で「あ」の母音で歌うときは「まああ」とフレーズのはじめに子音を入れると音程がはまりやすくなります。

Q 途中で間違えると手が止まってしまいます。

A うただけでかまわないので続けましょう。

「しまった！」と思ってもあわてずに、うただけは歌い続け、弾けそうなところから伴奏をつけるとよいでしょう。間違ったからといって、止まってやり直すことを繰り返していると、子どもたちはメロディがわからなくなってしまいます。うただけでも続ければ、子どもたちは必ずついてきてくれます。

Q なんとなく子どものノリがよくないのですが。

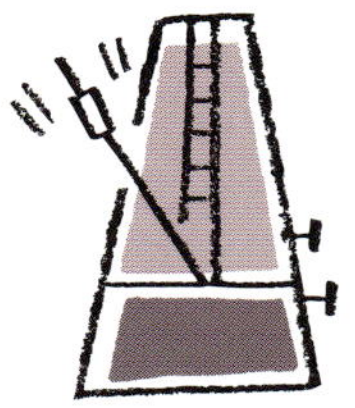

A まず、弾いているテンポを見直して。

知らず知らずのうちにテンポが変わってしまい、子どもが歌いにくいのかもしれません。誰でもピアノを前にすると、失敗したくない…と思って慎重になり、考えながら指を動かすので、どうしてもテンポが遅くなってしまいます。そこで、譜面に書いてある ♩＝100 などの速度表示を参考にメトロノームを使って練習し、自分の演奏が速くなりすぎるところ、遅くなってしまうところはどこかをチェックしてみましょう。

テンポは正しいのに子どもがついてこないときは、リズム打ちを試してみてください。3 拍子の曲なら、歌いながら「拍手 1 回、両手でひざたたき 2 回」を繰り返します。リズムがくっきりして歌いやすくなりますよ。

Q 子どもが上手に歌えません。

A 発達を考えた選曲ができているか見直しましょう。

年長児になると、1 オクターブ内のどの音も歌えるようになりますが、年少児の中にはまだ音をしっかり捉えられない子もいます。保育者が曲を選ぶときは、子どもの発達を考えて、音域、リズム、テンポ、詞の内容が合っているかどうかなどを考慮する必要があります。

「なんだか子どもたちが歌いづらそう…」と思ったら、その曲が合っていないのかもしれません。思い切って別の曲にチャレンジするのもよいでしょう。

Q 子どもが怒鳴って歌ってしまいます。

A 右手と左手のバランスを確認してみましょう。

怒鳴って歌う原因はいろいろ考えられますが、演奏の視点から考えられるのは、「右手が強すぎる」ということです。音の強弱は、右手よりむしろ左手でつけたいのですが、どうしても利き手である右手のほうが強い音を出してしまいがちです。左右の手のバランスを考えながら弾いてみましょう。

また、子どもは「怒鳴って歌っている」の意味がわからず、「元気に歌っているのに、なぜ注意されるのかな…」と思うことがあります。小さく歌ったり、ゆっくりなめらかに歌うなど、保育者が歌いかたを変えることで、「元気だけれど美しい響き」に気づかせたいものですね。

『おべんとう』（P.24）

♪. ♬ のリズムでは、ピアノが付点を強調しすぎると、子どもは怒鳴って歌いたくなるので注意。

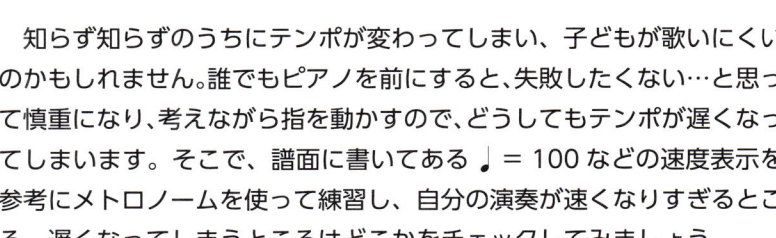

苦手な人でも大丈夫！

やさしいピアノ伴奏

保育園や幼稚園など、大人数で声を合わせて歌うときには、先生の弾くピアノが指揮者とオーケストラの役目を果たします。子どもたちの歌声を後押しし、よりイメージが広がるような演奏をしたいものですね。ピアノの上達のためには、何よりも繰り返しあきらめずに練習することが大切ですが、ここでは、ピアノが苦手でも無理なく弾くためのヒントを紹介します。

ステップ1 右手メロディだけを弾いてみましょう

すぐに両手で弾けないときは、まず右手メロディだけを弾いてみましょう。このとき、メロディを美しく、リズムを正しく弾いてください。コツは、弾く前にメロディを階名で歌ってみることです。下の『いっちょうめのドラねこ』なら、「ドドドドドレミミ…♪」と暗唱できるまで歌いこむと、ピアノを前にしたときに、指がなめらかに動きます。また、「正しく弾く」ということに関しては、リズムに気をつけながら、正しい音を弾きます。

例1 『いっちょうめのドラねこ』(P.240) より

ド ドド ド ド レ ミ ミ ソ ソ ラ ラ ソ ソ ソ ミ
いっ ちょ め の ド ラ ね こ に ちょ め の ク ロ ね こ

×

付点がとれてしまうことがないように注意しましょう。

例2 『て、て、手を洗おうの歌』(P.23) より

レ ミ ファ ラ シ ラ ソ ソ ソ
て て て て て を あ ら おう ー

×

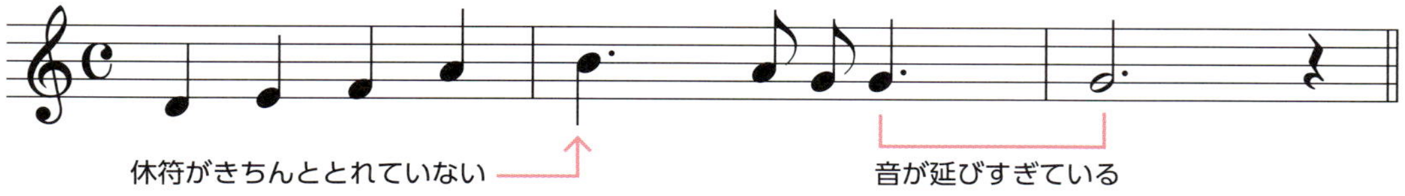
休符がきちんととれていない
音が延びすぎている

音の強弱をつけるには？

まず歌詞（言葉）の強弱を感じてみることです。はじめに歌詞を声に出して読んでみましょう。このとき、ところどころに強弱をつけてみるのがポイント。たとえば『おもちゃのチャチャチャ』（P.226）なら、「おもちゃの」は やや強く（*mf*）、「チャチャチャ」は弱く（*p*）、「チャチャチャおもちゃの」でだんだん強くなるように弾き（クレシェンド）、最後の「チャ チャ チャ」は強く（*f*）するなど、工夫してみてください。

何度も読んで、強弱のつけ方が一番しっくりくるところを探します。その強弱に合わせてピアノを弾くと、音が立体的になり、生き生きとした演奏になります。そして、子どもの歌声にも自然に強弱がつき、豊かな表現ができるようになるでしょう。

ステップ2　左手を１小節に１回入れてみましょう

左手は各小節のはじめの音だけを弾き、右手のメロディをはっきり目立たせるように弾いてみてください。非常にシンプルですが、こうして弾くことで、まず曲全体の流れをつかむことができます。

左手は各小節のはじめの音だけを弾く

『おひなさま』（P.65）

いずれは原曲が弾けるように

本書では、「原曲は二長調」などと元の調を示しています。調を変えることを「移調」といいますが、慣れてきたら原曲の調に移調して弾いてみましょう。原曲の調は、その曲の持ち味をより引き出してくれる調です。シャープやフラットがつく場所が変わるだけで曲のイメージが大きく変わることがわかるでしょう。

また、さらなるステップアップをめざす人は、ぜひ原曲の楽譜にも挑戦してみましょう。弾いている自分も、歌っている子どもたちも、さらに音楽の楽しさを味わうことができるはずです。はじめは難しくても、繰り返し練習すれば必ず弾けるようになりますよ。

レベルに応じて弾きかたいろいろ！
コードを使ったピアノ伴奏

コードとは、アルファベットや数字を使った記号で和音を表したもので、これをよりどころにして演奏する方法があります。慣れないうちは少し難しいかもしれませんが、自分のレベルに応じたアレンジも可能となる、便利な記号でもあります。ここではコードの知識を少し紹介します。

♪コードネームとは

「コード」とは、和音のことを指します。「コードネーム」という、アルファベットや数字を使った記号が、和音を表しています。

コードネーム

C ＝ ド ミ ソ

G7 ＝ ソ シ レ ファ

Dm ＝ レ ファ ラ

♪コードネームのしくみ

はじめに書かれているアルファベットが、基準となる音（根音《こんおん》）を表し、それに続く「m」や「7」などの記号がコードの種類を表しています。コードの種類とは、音の重ねかたのことです。

たとえば、「C」はドミソの和音のことですが、ドとミの間は半音４個分、ミとソの間は半音３個分です。この間隔は同じ種類のコードであれば、常に同じなのです。D（レファ♯ラ）もE（ミソ♯シ）も、根音＋半音４個分＋半音３個分の間隔でできた和音なのです。

半音とは

鍵盤上で隣合う音のことを半音と言います。下の図で、●から次の●までが半音１個分です。

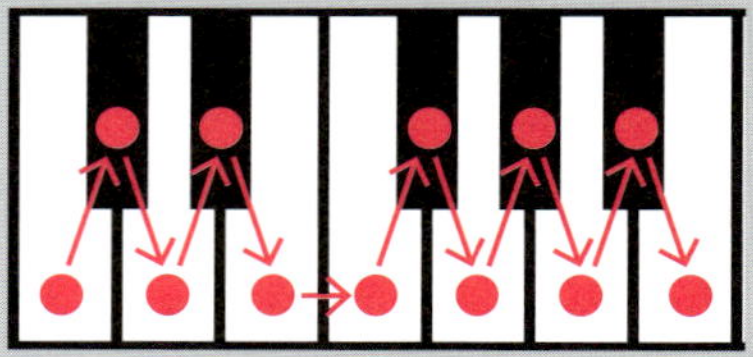

コードネームの見かた

基準となる音（根音《こんおん》）……C　7……コードの種類（音の重ねかた）

（この場合「ド」）

ド	レ	ミ	ファ	ソ	ラ	シ
C	D	E	F	G	A	B

メジャーコード

C ←何もつかない

マイナーコード

Cm ← m がつく

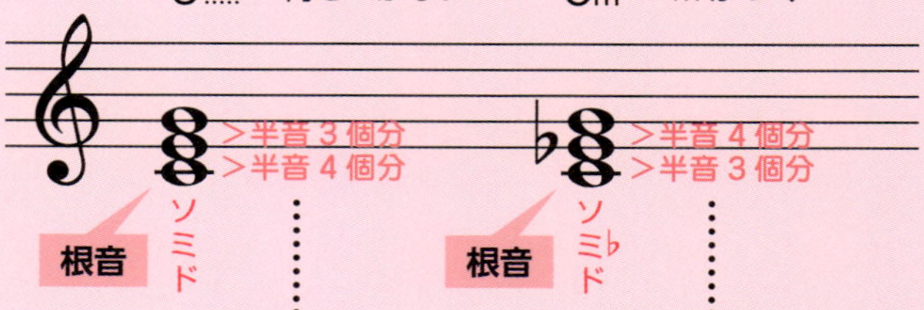

メジャーコードはすべて根音＋半音４個分＋半音３個分

マイナーコードはすべて根音＋半音３個分＋半音４個分

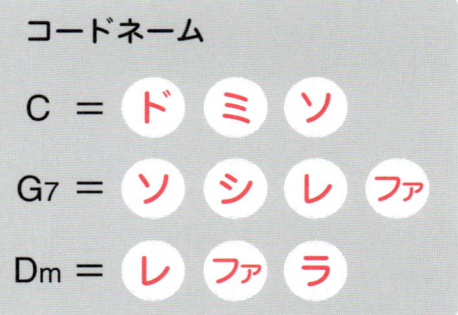

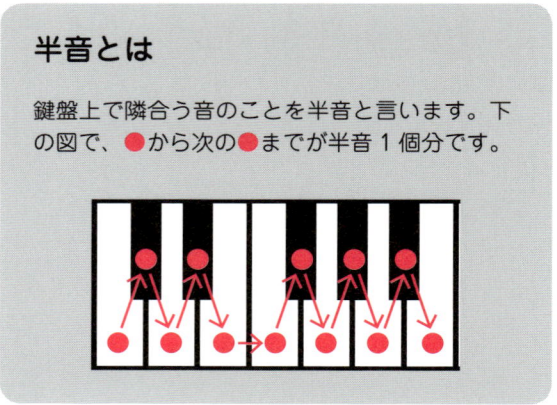

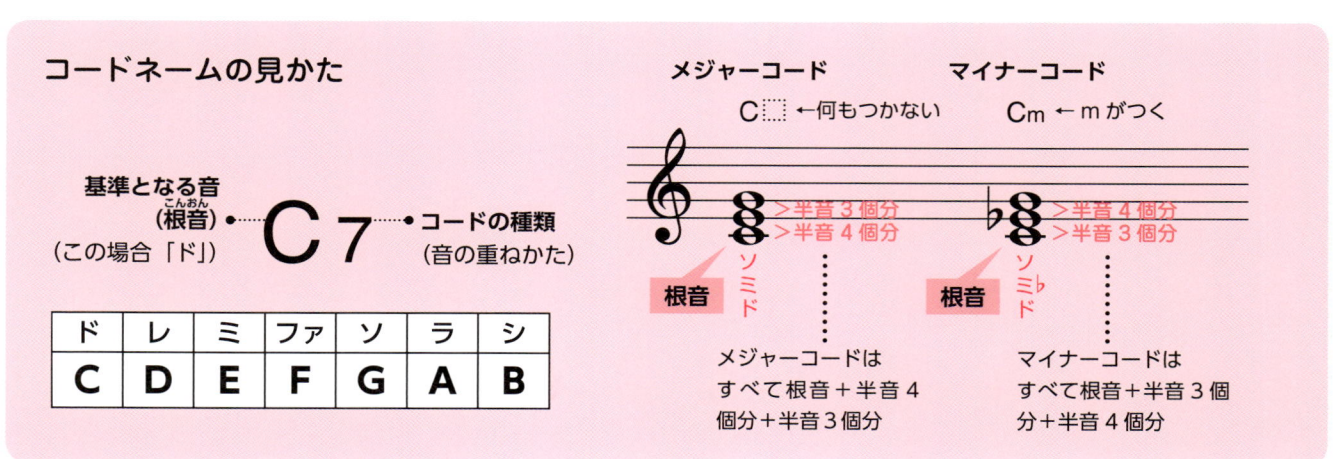

♪よく使われるコード

根音 メジャーコード

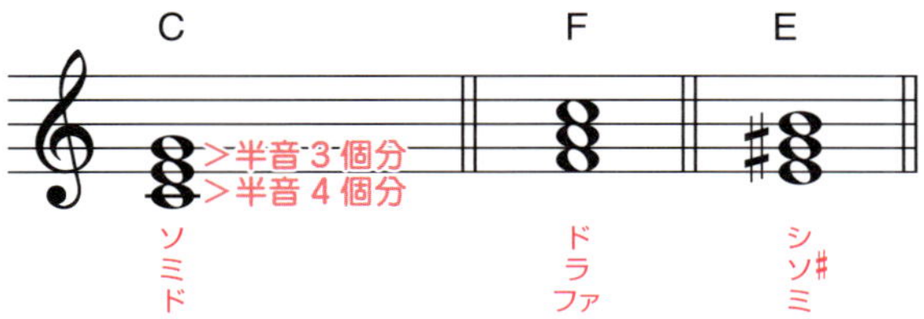

根音m マイナーコード

根音7 セブンスコード

根音m7 マイナーセブンスコード

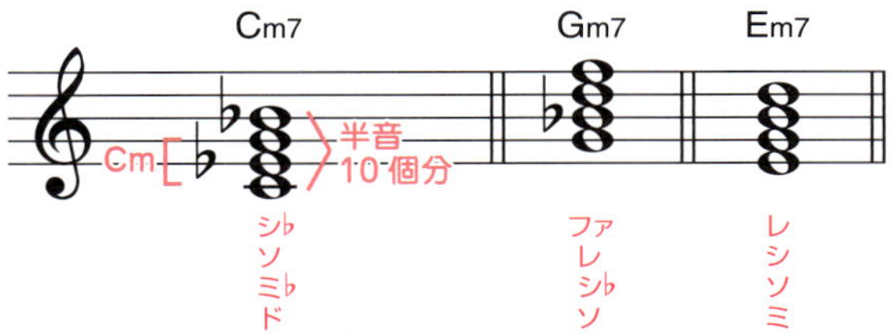

音階の上にできるコード

ハ長調の曲では、ハ長調の音階の上にできるコードがよく使われます。ほかの調でも同じです。なかでも①・④・⑤番目のコードがよく使われますので、覚えておきましょう。5番目のコードは4和音で□7として使用することが多いです。

ハ長調

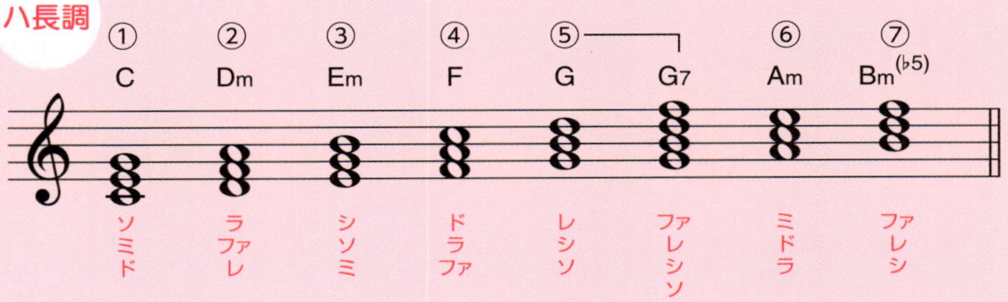

ト長調

イ短調

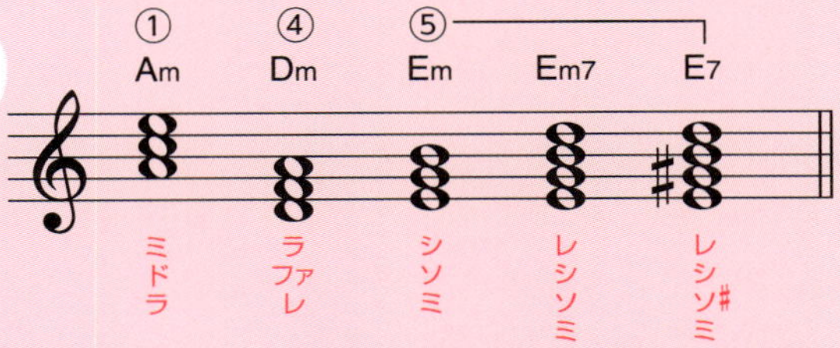

短調の場合、5番目の和音として□m7や□7も使われる。

ヘ長調

♪ コードを使った伴奏パターン

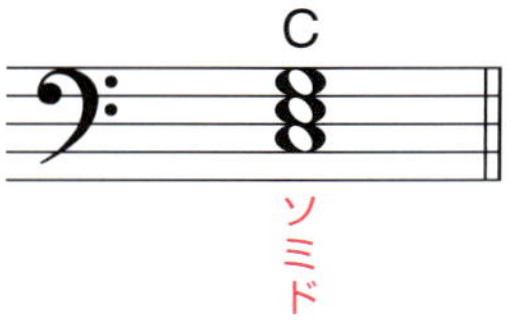

「C」とは「ドミソ」の和音ですが、これを A のようにまとめて和音で弾く、B や C のように音を分けて弾く…というように、曲に合わせて使い分けると変化に富んだ演奏が簡単にできるようになります。

A まとめて和音で弾く

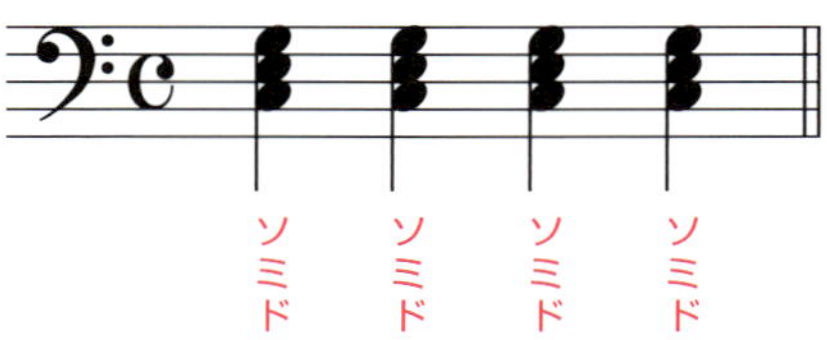

マーチ風。元気な曲、重々しい曲にぴったり。

B 1拍目を単音にする

強弱がつけやすくなり、
拍子のリズムもとらえやすい

C 音を分散させて弾く

なめらかな印象。

和音の順番を変えても。曲が華やかになります。

コードの転回形

コードをピアノで弾くとき、転回形を知っていると大変役に立ちます。C＝「ドミソ」ですが、「ミソド」とすることも、「ソドミ」とすることもできます。和音から次の和音へと進行するときに、転回形を使うと和音がなめらかに移行し、弾きやすくなったり、響きも美しくなったりします。

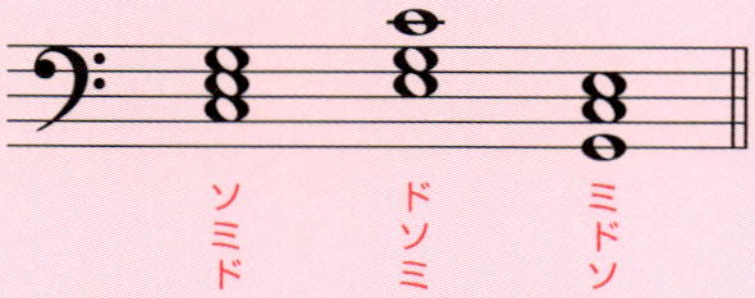

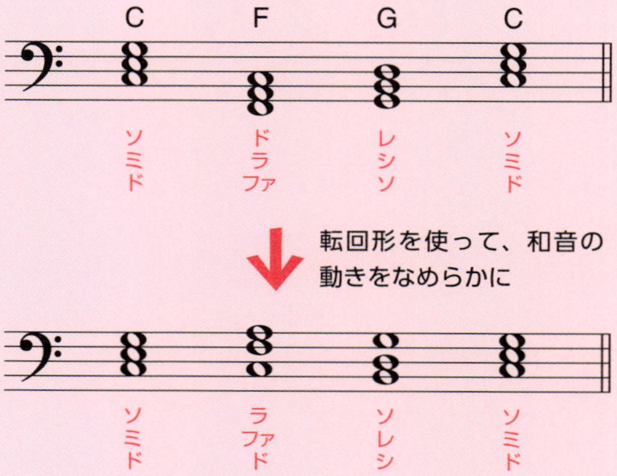

●コードを使った伴奏例

『きらきらぼし』（P.46）を例に、左の **A B C** のパターンを使って弾いてみましょう。

A

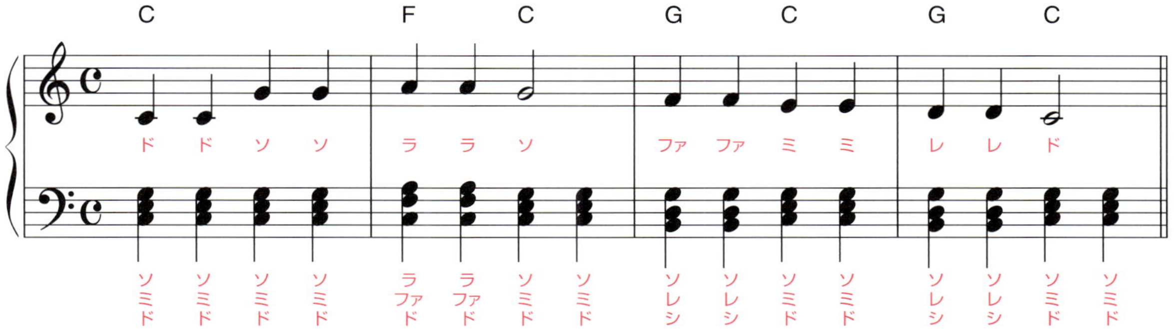

B

C

もっと簡単に弾きたいときは

和音の一部を省略したり、C なら「ド」、Em なら「ミ」…と、根音だけを弾いても。
また、２拍に１回、４拍に１回だけ左手を入れてもよいでしょう。

和音の一部を省略

根音だけを弾く

初心者のための

楽譜の基礎知識

曲の練習は、楽譜の読みかたを正しくマスターしたうえで行うことが大切です。ここでは、知っておきたい基礎知識をやさしく解説しました。少し自信がない人も、ここでおさらいしておきましょう。

1 指使いと鍵盤

まず、図1を見ながら、ヘ音記号の「ド」と、ト音記号の「ド」はどこになるか、鍵盤上で確かめます。次に右手で「ドレミファソラシド」と弾いてみましょう。音階を弾くとき、指使い（運指）が123（ドレミ）の次のファで1に戻る点にも注意しましょう。左手は「ドシラソファミレド」と下行し、このとき指使いは12312345となります。さらに、両手で上行（ドレミファソラシド）と下行（ドシラソファミレド）を繰り返し、指をなめらかに使えるように練習をしてください。

指使い

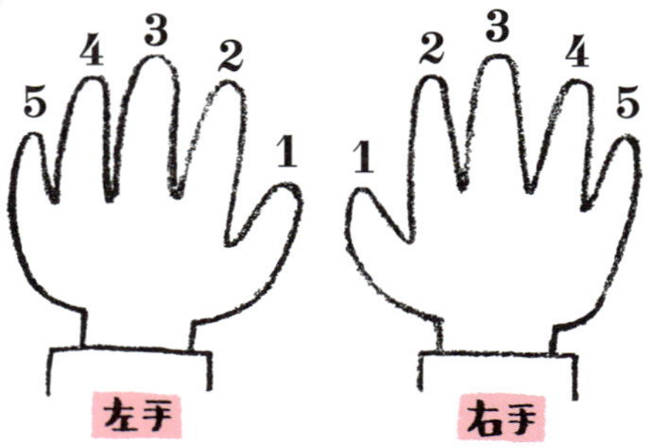

※本書の楽譜にある指番号は、弾きやすくするための目安です。そのとおりに弾かなくてはならないわけではありません。

図1

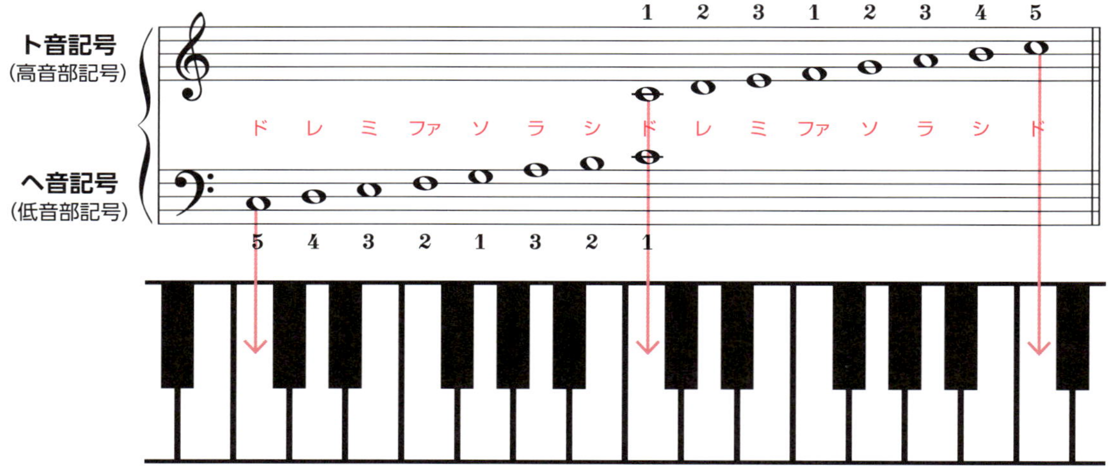

音名の読み方

ドレミファソラシのほかに、主に3種類が使い分けられています。英・米の音名は主にジャズ・ポピュラー音楽、ギターコードなどに使われています。日本音名はハ長調、ニ長調…のように日本の音楽教育で、ドイツ音名はクラシック音楽で広く使われています。

	ド	レ	ミ	ファ	ソ	ラ	シ
英・米	C シー	D ディー	E イー	F エフ	G ジー	A エー	B ビー
日本	ハ	ニ	ホ	ヘ	ト	イ	ロ
ドイツ	C ツェー	D デー	E エー	F エフ	G ゲー	A アー	H ハー

2 調号と臨時記号

♯ シャープ…半音上げる　**♭ フラット**…半音下げる　**♮ ナチュラル**…もとの音に戻す

臨時記号

曲の途中で音の高さを一時的に変化させます。臨時記号は、その小節の終わりまで有効です。

調号

特定の音を常に変化させます。たとえば、ファの位置に♯がついている場合、曲のすべてのファに♯をつけて弾きます。

3 拍子とリズム

音符・休符の長さ（4分音符を1拍とした場合）

拍数	音符		休符	
4拍	𝅝	全音符	――――	
2拍	𝅗𝅥	2分音符	𝄼	2分休符
1拍	♩	4分音符	𝄽	4分休符
1/2拍	♪	8分音符	𝄾	8分休符
1/4拍	𝅘𝅥𝅯	16分音符	𝄿	16分休符

- **付点音符** …もとの音符（休符）にその半分の長さを足す

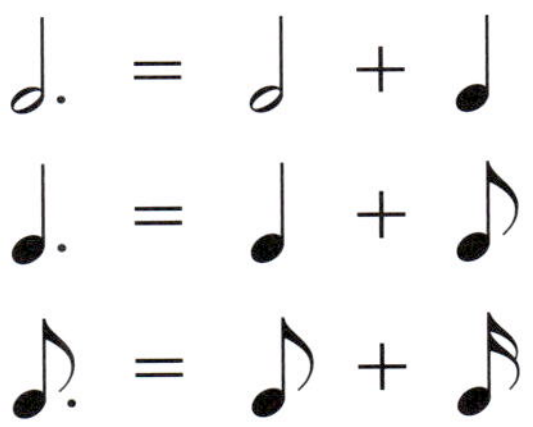

- **3連符**  …1拍を3等分する
- **全休符** …1小節休む

拍子記号

分母は基準となる音符、分子は1小節に入る拍数を表します。たとえば、右記は4分の2拍子で、4分音符が1小節に2つ入ることを意味し、「イチ、ニ、イチ、ニ…」というのがその曲の基本のリズムとなります。

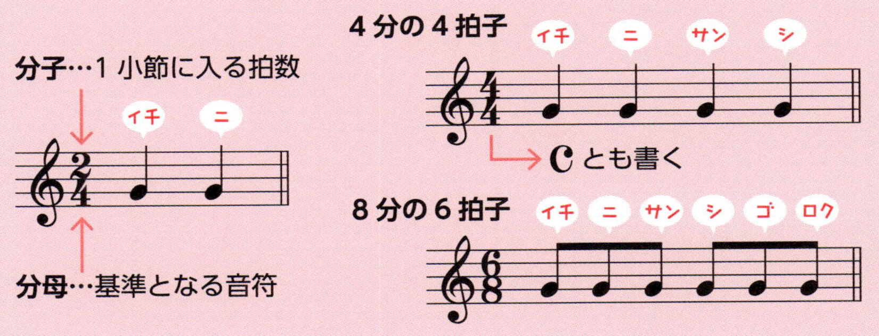

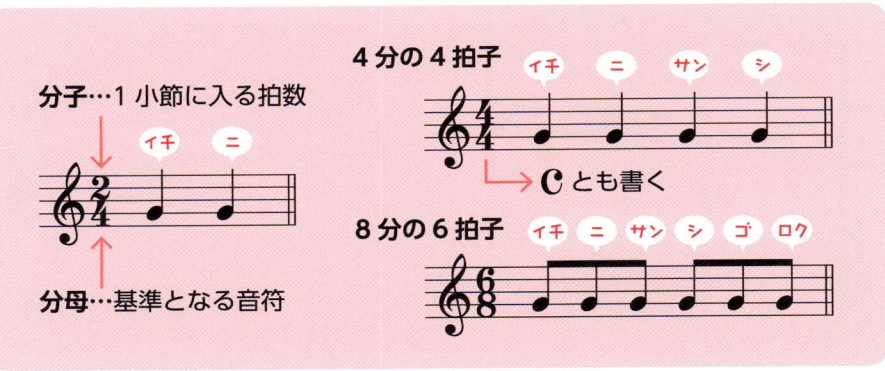

4 本書で使われている記号

タイ 同じ音程の 2 つの音をつなげて弾く

アクセント その音をほかの音より強く弾く

スラー 音が途切れないようになめらかに弾く

フェルマータ その音をほどよい長さに延ばす

スタッカート その音を短く切って弾く

速度記号 ♩= 下の場合、1 分間に ♩ を 72 回打つ速さで弾く

※メトロノームを使う際の目安となる

5 楽譜の進行

リピート記号 𝄆 𝄇 に挟まれた部分を繰り返して演奏する。

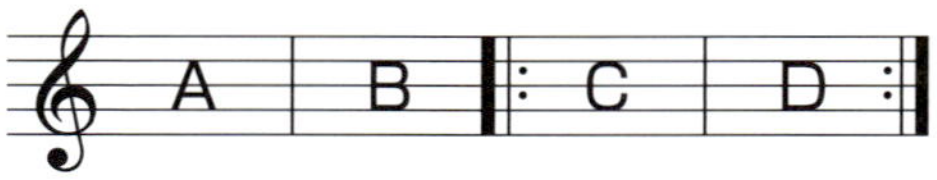

演奏順：A → B → C → D → C → D

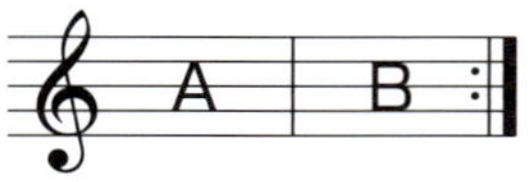

曲のはじめから繰り返す場合、𝄆 は省略

演奏順：A → B → A → B

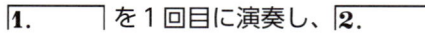

1 番かっこ、2 番かっこ 1. を 1 回目に演奏し、2. を 2 回目に演奏する

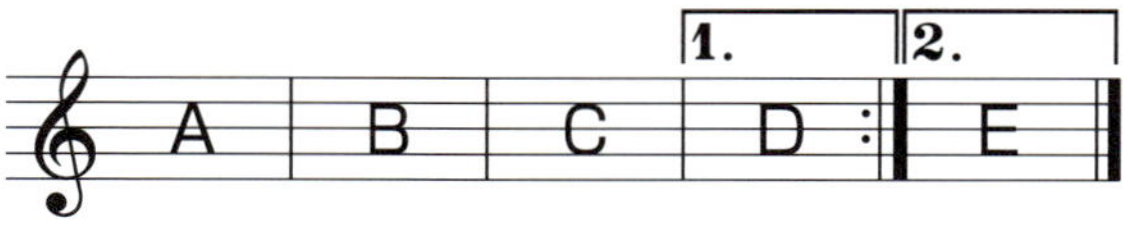

演奏順：A → B → C → D → A → B → C → E

ダル・セーニョ *D.S.* とコーダ 𝄌

D.S.（ダル・セーニョ）は 𝄋（セーニョ）に戻るという意味。

𝄋 に戻って繰り返す場合、*to*𝄌（トゥ・コーダ）の記号があれば、そこから 𝄌**Coda**（コーダ）へと進む

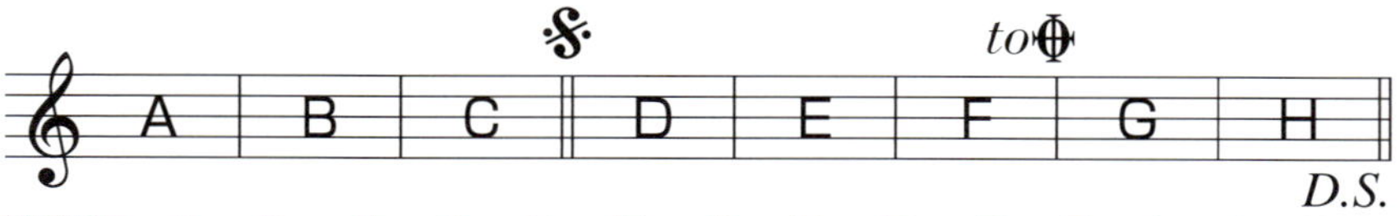

演奏順：A → B → C → D → E → F → G → H → D → E → F → I → J → K

D.S.→ 𝄋　*to*𝄌 → 𝄌Coda

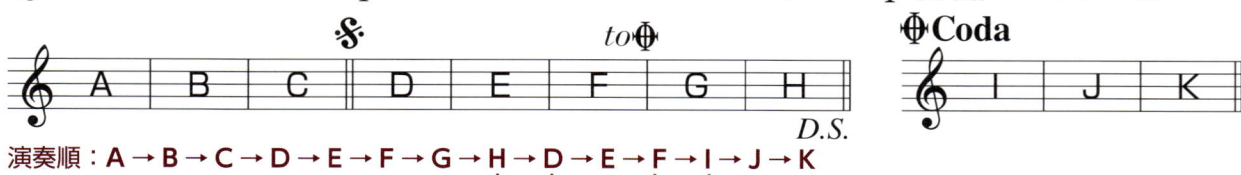

PART 1

生活のうた

朝のあいさつ、お外で遊んだあとの手洗い、
ごはんを食べたあとの歯みがきなど、
園での生活を楽しくするうたを集めました。

朝のうた

作詞：増子とし　作曲：本多鉄麿

〜2歳　3歳　4歳　5歳

朝のあいさつの定番ソング。「せんせいおはよう」を子どもが、「みなさんおはよう」を先生が歌ってもよいでしょう。

わらってにおはよう

作詞：佐倉智子　作曲：浅野ななみ

～2歳　3歳　4歳　5歳　♪原曲：ニ長調

「パチパチてたたき」「トコトコあしぶみ」では、詞に合わせてそのしぐさをしながら、元気に歌いましょう。

おててをあらいましょう

作詞・作曲：不詳

～2歳　3歳　4歳　5歳

「おてて」を「おかお」「あたま」などと歌い替えてもよいでしょう。洗うしぐさをしながら歌いましょう。

ワンポイントアドバイス

「きゅきゅきゅきゅ」では両手を合わせてゴシゴシするしぐさをし、「ぽんぽんぽん」では３回拍手する…などと、簡単な振りをつけながら歌うと、リズムがとりやすくなります。

て、て、手をあらおうの歌

作詞・作曲：阿部直美

～2歳 3歳 4歳 5歳

ごはんの前やトイレのあとなど、きちんと手を洗うことの大切さを話してから、みんなで歌ってみましょう。

♩=120
G7 C C
1.ごはんのまえには
2.おやつのまえには
C7 F D G
てをあらおう トイレのあとにも てをあらおう そとからかえって
てをあらおう おべんときゅうしょく てをあらおう いっぱいあそんだ
G7 C Dm G7
きたときもー
そのあともー
てててて てをあらおう
C F G7 C
ー バイキンバイバイ きれいなて

おべんとう

作詞：天野 蝶　作曲：一宮道子

～2歳　3歳　4歳　5歳

この曲を歌ってから食事をはじめる園も多いことでしょう。「おべんと」を「給食」と歌い替える園も。

♩=120
C　F　G7　C
C　F　C
C　G7
C　G　F　G7　C
1. おべんと おべんと うれしいな おててもきれいに なりました みんなそろって ごあいさつ
2. おべんと おべんと うれしいな なんでもたべましょ よくかんで みんなすんだら ごあいさつ

いただきます

作詞・作曲：阿部直美

～2歳　3歳　4歳　5歳

お弁当箱の中から何がとび出してくるかな？　丸や三角などの形を、指で表現しながら歌ってみましょう。

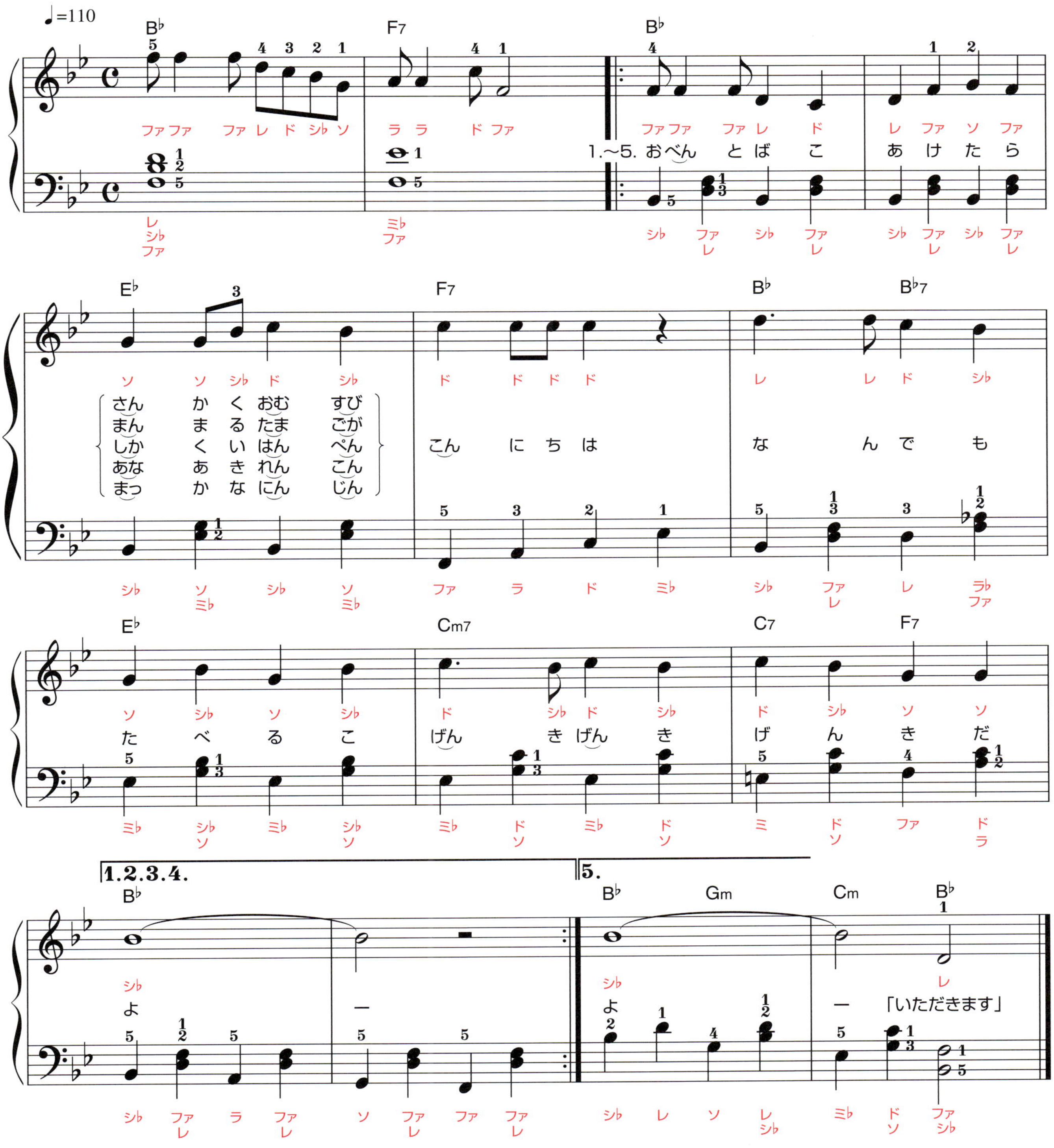

はをみがきましょう

作詞・作曲：則武昭彦

～2歳　3歳　4歳　5歳

「おいっちに」は、「いち・に」のかけ声をより勢いよく言うときの言葉であることを伝えて、元気に歌いましょう。

♩=90
C　Dm　G7　C
C　F　Am　G
1. はをみがきましょう　しゅっしゅっしゅっ
2. はをみがきましょう　しゅっしゅっしゅっ
C　Am　G　Am　G
ブラシのたいそう　おいっちに　おいっちに
ころころうがいも　ほらね　ほらね
C　Dm　G7　C
じょうぶなははになれ　しゅっしゅっしゅっ
まっしろいははになれ　しゅっしゅっしゅっ

まねっこはみがき

作詞・作曲：浅野ななみ

～2歳　3歳　4歳　5歳

ぞうさんになったつもりで大きな歯ブラシで歯をみがき、うがいや洗顔をします。慣れてきたら小さなりすさんになって、小さい動作でやってみましょう。

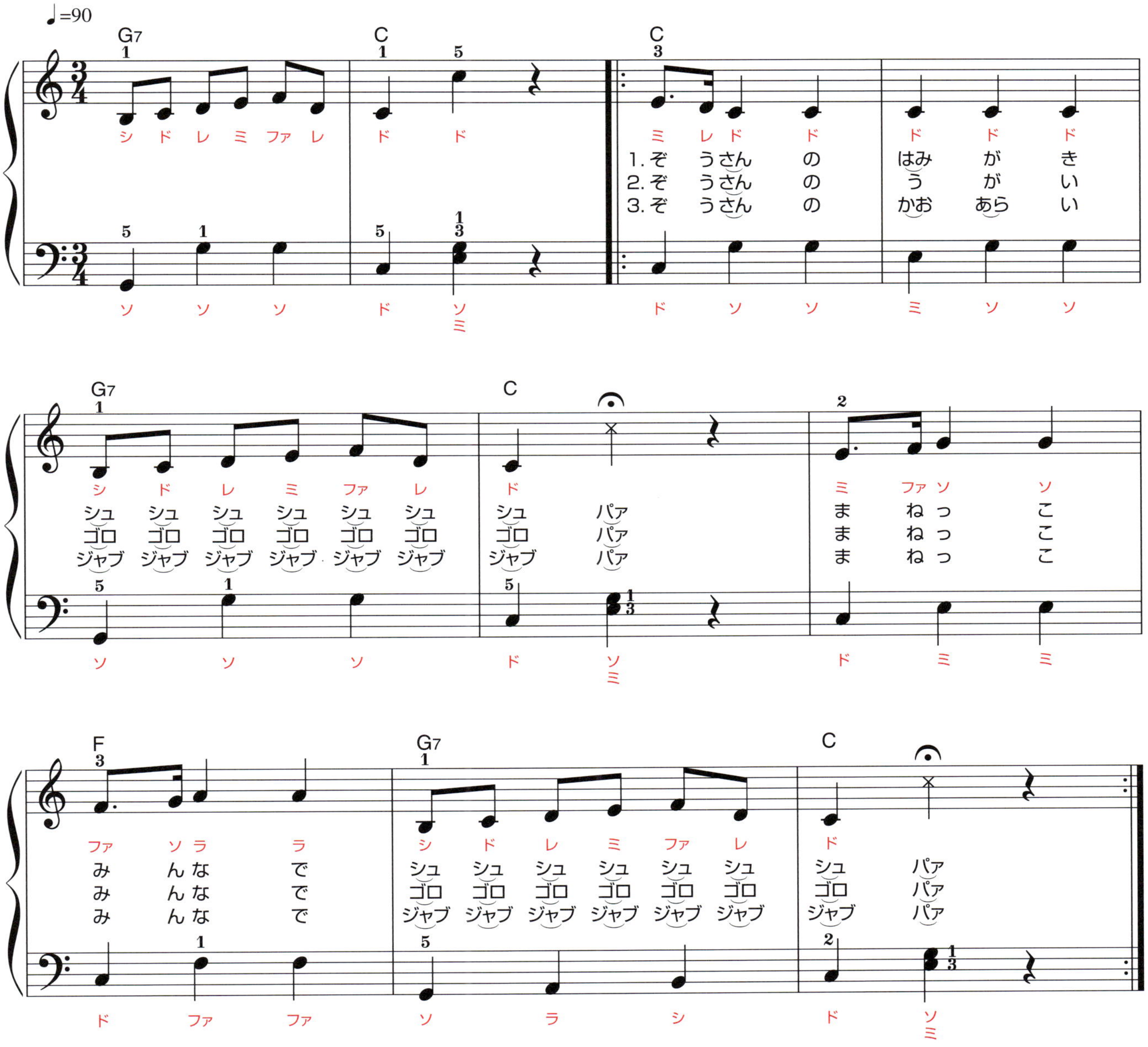
♩=90
G7　C　C
シ ド レ ミ ファ レ　ド ド　ミ レ ド ド　ド ド ド
1. ぞ うさん の はみ が き
2. ぞ うさん の う が い
3. ぞ うさん の かお あら い
ソ ソ ソ　ド ソ ミ　ド ソ ソ　ミ ソ ソ
G7　C
シ ド レ ミ ファ レ　ド　ミ ファ ソ ソ
シュ シュ シュ シュ シュ シュ　シュ パァ　ま ね っ こ
ゴロ ゴロ ゴロ ゴロ ゴロ ゴロ　ゴロ パァ　ま ね っ こ
ジャブ ジャブ ジャブ ジャブ ジャブ ジャブ　ジャブ パァ　ま ね っ こ
ソ ソ ソ　ド ソ ミ　ド ミ ミ
F　G7　C
ファ ソ ラ ラ　シ ド レ ミ ファ レ　ド
み ん な で　シュ シュ シュ シュ シュ シュ　シュ パァ
み ん な で　ゴロ ゴロ ゴロ ゴロ ゴロ ゴロ　ゴロ パァ
み ん な で　ジャブ ジャブ ジャブ ジャブ ジャブ ジャブ　ジャブ パァ
ド ファ ファ　ソ ラ シ　ド ソ ミ

ワンポイントアドバイス

大きなぞうさんをイメージして、ゆったりした３拍子を感じさせるようにピアノを弾きます。テンポ♩＝90より速くならないように。最後の「パァ」は長くのばして楽しみましょう。

おかたづけ

作詞・作曲：不詳

～2歳　3歳　4歳　5歳

「さあさ みなさん おかたづけ」を、「つみきを きちんと おかたづけ」「おすなば どうぐを おかたづけ」などと歌い替えても。

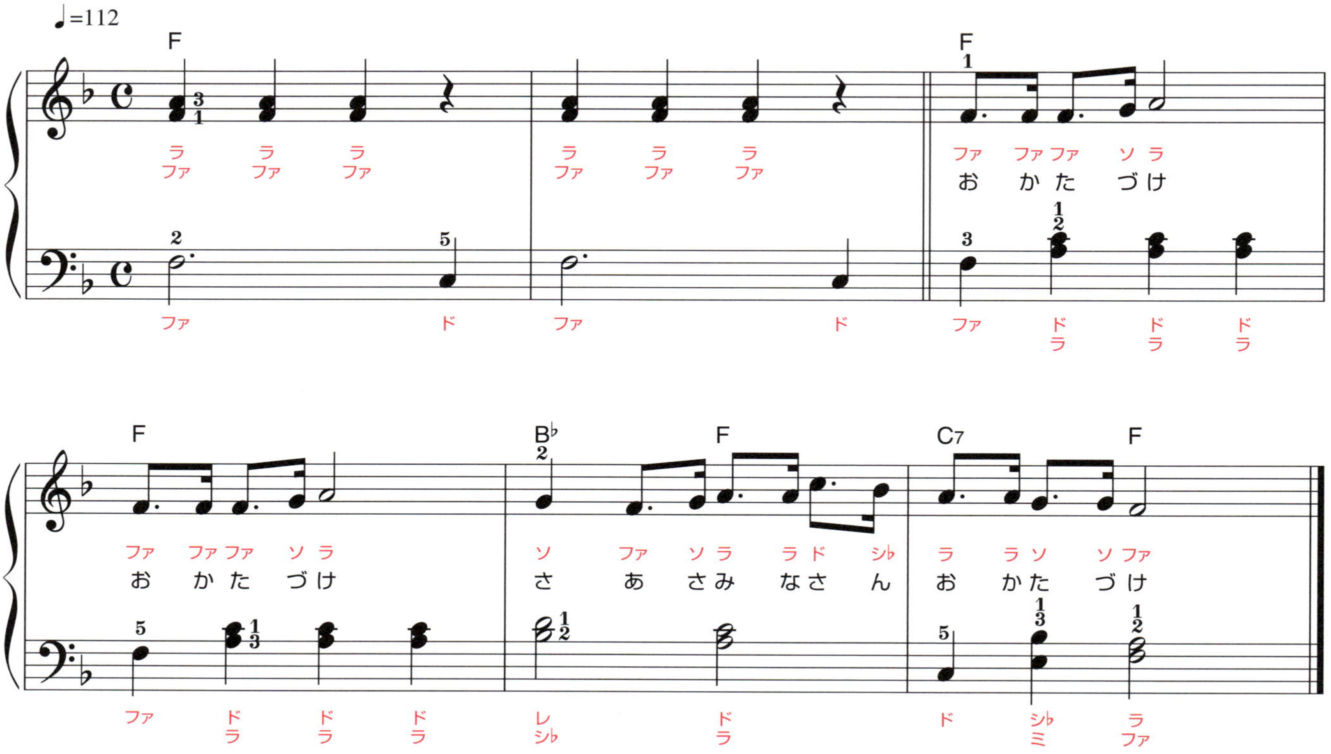
♩=112
F
F
お か た づ け
F
B♭
F
C7
F
お か た づ け
さ あ さ み な さ ん
お か た づ け

あそびのアイディア

楽しみながら、片づけへの関心を育てて

遊ぶのは大好きだけど、片づけは苦手…というのが子どもの本音です。「あれ、この絵本が泣いていますよ。『ウェーン！ ぼくだけひとりぼっち。みんなのところに帰りたいよー』って言っています。本箱に帰してあげましょうね」などと、擬人化して話をし、片づけに対する興味や関心を育てていきましょう。部屋がきれいに片づいたら、「おかたづけ おかたづけ おへやがきれいになりました」と歌い替えてもよいでしょう。

かたづけマン

作詞：佐倉智子　作曲：おざわたつゆき

～2歳　3歳　4歳　5歳

片づけて広くなった部屋で、かたづけマンになって「ビームシュワッチ」と光線を出すしぐさで遊びましょう。

おかえりのうた

作詞：天野 蝶　作曲：一宮道子

〜2歳　3歳　4歳　5歳

全国の園で降園時に歌われ続けているうた。付点のリズムを強く弾きすぎると子どもたちが怒鳴って歌うので、軽く弾くようにしましょう。

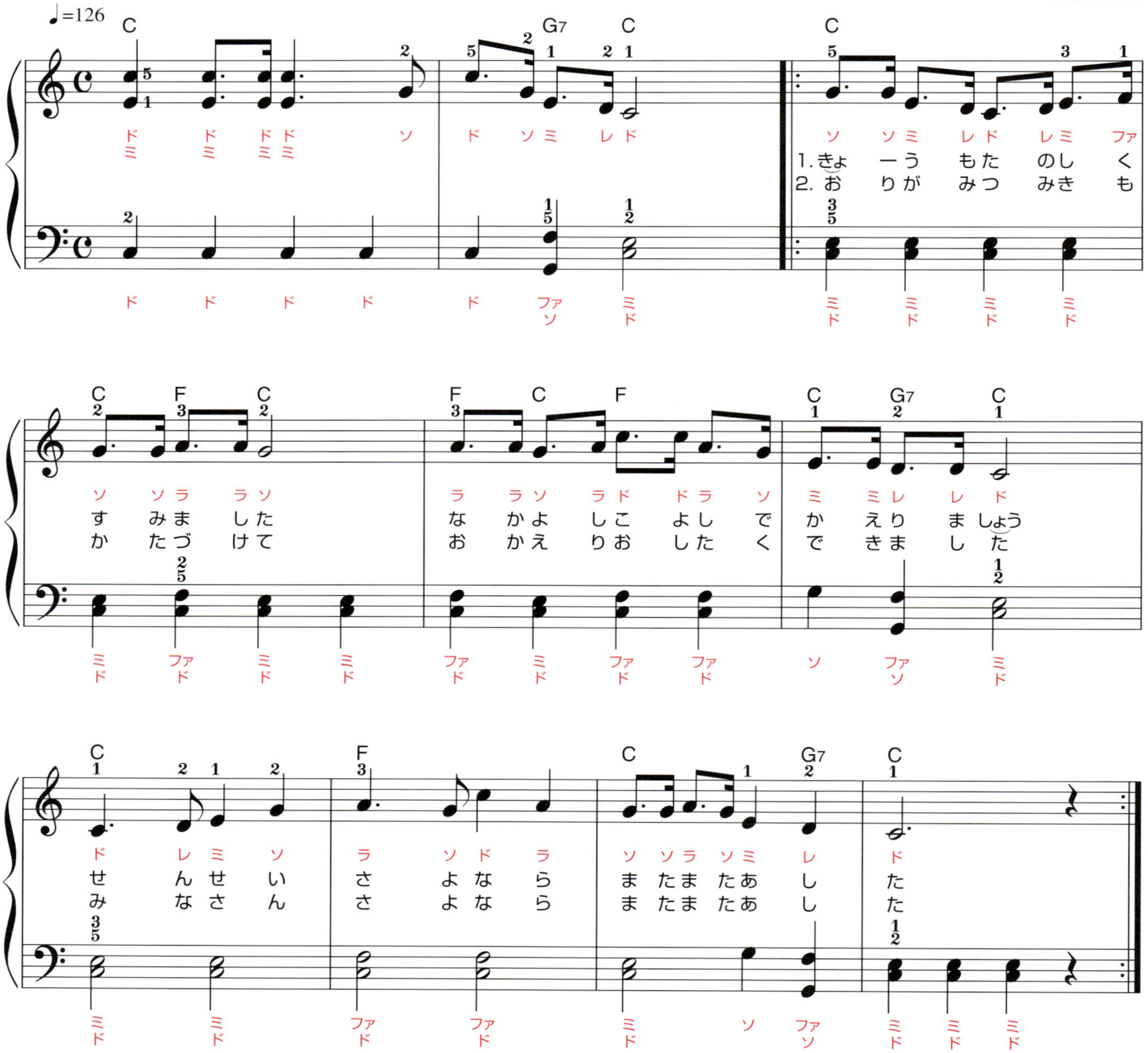

ワンポイントアドバイス

毎日歌ううたなので、マンネリになってしまうことがあります。「おりがみ つみきも かたづけて」を「シャベルも バケツも かたづけて」とするなど、その日の活動に合わせた歌詞を折りこんで歌ってみましょう。

PART 2

行事のうた

毎月のお誕生会はもちろん、
園には行事が盛りだくさん。
うたを歌えば、行事がもっと楽しくなります。

- お誕生会
- 入園式・進級
- こどもの日
- 母の日
- 父の日
- 遠足
- 七夕
- プール開き
- お泊まり保育
- お月見
- 敬老の日
- 運動会
- 七五三
- クリスマス
- 節分
- ひなまつり
- おわかれ会
- 卒園式

お誕生会に

ハッピー・バースデイ・トゥ・ユー

作詞・作曲：Mildred J. Hill & Patty S. Hill

～2歳　3歳　4歳　5歳

園児の誕生日を祝って歌うときには、「○○ちゃん」のところを、その子の名前におき替えて歌います。

ワンポイントアドバイス

誕生日の定番ソング。なんとなくで歌ってしまいますが、子どもたちには「ハッピー」は「とっても幸せ！　おめでとう」の意味、「バースデイ」は誕生日のこと…などと英語を訳してあげてから歌いましょう。

たんじょうび

作詞：与田準一　作曲：酒田富治

～2歳　3歳　4歳　5歳

「たんたん…」で始まりますが、最後の「あたしのたんじょうび」のあとは「らん」で終わる点に気をつけましょう。

♩=112
C F C G C C F C F Dm G7 C
1.～3. たん たん たん たん
たん じょ う び
あたしの あたしの たんじょうび らん
みんなが あたしに おめでとう らん
ほんとに うれしい たんじょうび らん

お誕生会に

うたっておめでとう

作詞・作曲：佐倉智子

～2歳　3歳　4歳　5歳

全員で輪になって歌います。歌われた誕生月の子どもは輪の中に集まり、「ランラン…」の部分を自由に踊ります。

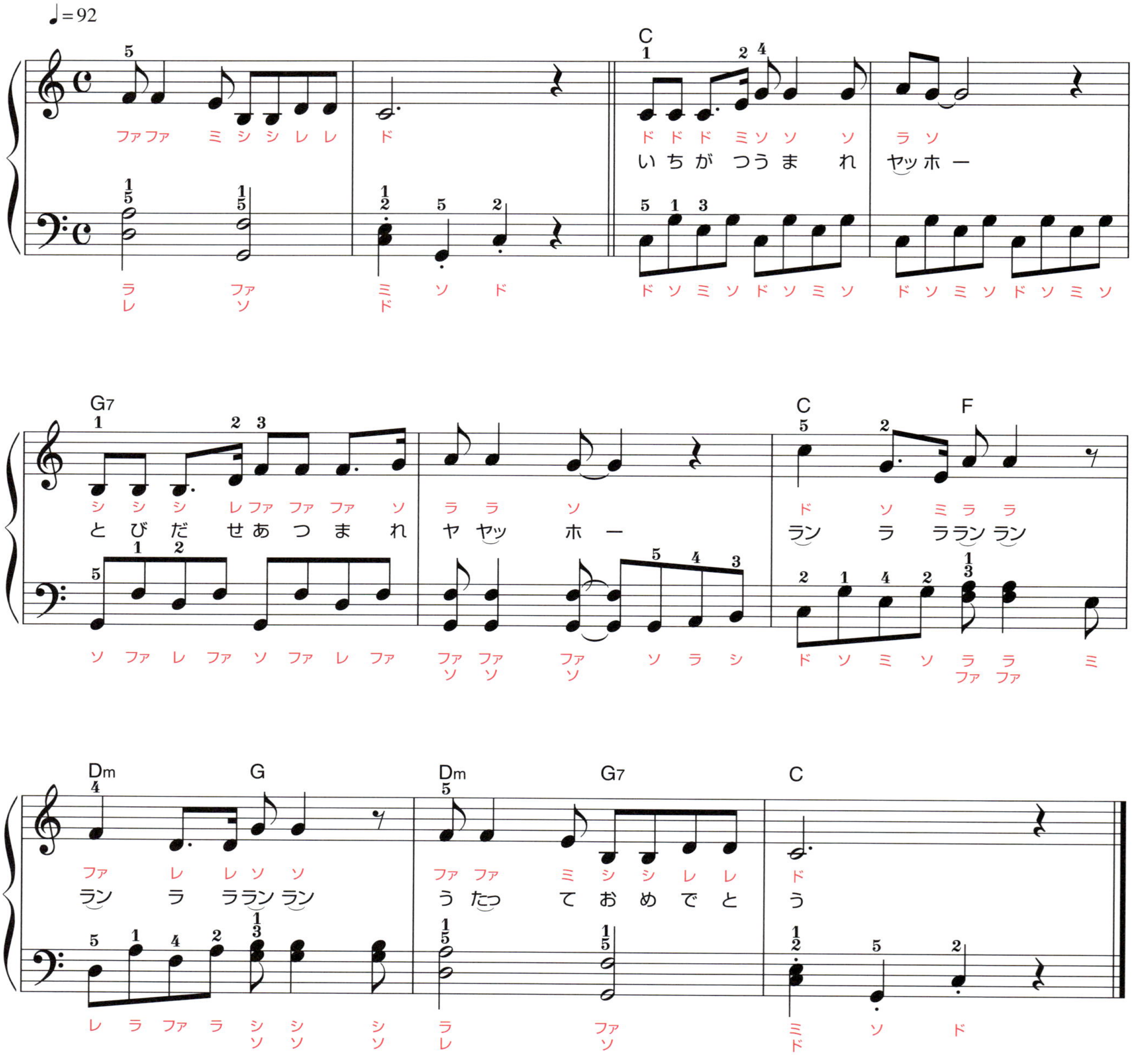

※２番は「２月生まれ」と歌い替える。12月まで同様に歌う。

入園式・進級時に

せんせいとお友だち

作詞：吉岡 治　作曲：越部信義

～2歳　3歳　4歳　5歳

歌詞に合わせて、先生や友だちと握手をしたり、にらめっこ遊びのしぐさをしたりしてみましょう。

♩=110
C　G　C　G　C　C　F　G7　C
1.～3. せんせいと
おともだち
せんせいと
おともだち
あくしゅを　しよう　ギュ　ギュ　ギュ
あいさつ　しよう　おはよう
にらめっこ　しよう　メッ　メッ　メッ

ワンポイントアドバイス

子どもたちのウキウキした気持ちを歌った作品です。「せんせいとおともだち」のところは、付点のリズムを歯切れよく弾くと、晴れやかな感じが表現できます。同様に、前奏についているスタッカートの音も大切に。

あくしゅでこんにちは

作詞：まど・みちお　作曲：渡辺 茂

～2歳　3歳　4歳　5歳　♪原曲：二長調

みんなで元気に握手をしたら、ほら！　仲良しになっちゃった。
握手をしながら歌えば、友だち関係が深まりますよ。

こどもの日に

こいのぼり

絵本唱歌　作詞：近藤宮子　作曲：無名著作物

～2歳　3歳　4歳　5歳　♪原曲：二長調

「真鯉《まごい》」は黒っぽい色の鯉。「緋鯉《ひごい》」は赤い色の鯉。歌ったあとで鯉のぼりを手作りしても楽しいでしょう。

♩=120
C　F　C　G　C　C
ド レ ミ ソ　ド ラ ソ　ミ ミ レ ミ　ド　ミ レ ド レ
や ね よ り
ド ソ　ファ ド ミ　ソ ソ　ド ソ ソ　ド ソ ソ
C　G　C　F　C
ミ ラ ソ　ミ ミ ミ レ ド　レ　ド レ ミ ソ　ラ ラ ソ ミ
た か い　こ い の ぼ ー　り　お お き い　ま ご い は
ド ソ ソ　ド ソ ソ　シ ソ ソ　ド ソ ソ　ファ ミ ド
G　C　F　C　Dm
ソ ソ ミ レ　ド　ド ド ド ラ　ソ ソ ソ ミ　レ レ レ ド ミ
お と う さ　ん　ち い さ い　ひ ご い は　こ ど も た ー
ソ ソ　ド レ ミ　ファ ラ　ド ソ　レ ファ
G　C　F　C　G　C
ソ　ド レ ミ ソ　ド ラ ソ　ミ ミ レ ミ　ド
ち　お も し ろ　そ う に　お よ い で　る
ソ ラ シ　ド ソ ソ　ファ ド ミ　ソ ソ　ド

こどもの日に

かしわもちギュッギュッ

作詞：佐倉智子　作曲：おざわたつゆき

～2歳　3歳　4歳　5歳

「ギュッ」のところは、両手を握り、両ひじを曲げて外に向けた状態からギュッと体につけるしぐさで表現するとよいでしょう。

♩=92
C　C7　F　F　B♭　F
アンコがギュッ　つまってギュッ
Gm　C　F　B♭
はっぱのようふく　きてるおもち　たべたらギュッ
F　C　C7　F
かしわもち　げんきだギュッ　ギュッ　ちからもち

ワンポイントアドバイス

「カバさんの子どもが食べるかしわもちは、こーんなに大きいの。ねずみさんの子どもが食べるのは、こんなにちっちゃいの」などと話してイメージを広げてみましょう。「ギュッ」のところを、カバは大きく、ねずみは小さく…と歌い分けても楽しいでしょう。

母の日に

おかあさん

作詞：田中ナナ　作曲：中田喜直

〜2歳　3歳　4歳　5歳　♪原曲：二長調

子どもが「おかあさん」、親が「なあに」と、かけ合いで歌ってもよいでしょう。母の日だけでなく、親子集会にもぴったり。

PART2 行事のうた

こどもの日／母の日

父の日に

どんなおひげ

作詞：佐倉智子　作曲：おざわたつゆき

～2歳　3歳　4歳　5歳

ねこのひげ、なまずのひげはどんな形かな？　みんなのお父さんのひげはどんなかな？　絵に描いてみましょう。

♩=96
A7　A　D　D
1. こ　ねこ　の　お　ひげ　は
2. き　つね　の　お　めめ　は
3. ゴ　リラ　の　お　かお　は
A　D
こん　な　お　ひ　げ　サン　タさん　の　お　ひ　げ　は　こん　な　お　ひ　げ
こん　な　お　め　め　パン　ダちゃん　の　お　め　め　は　こん　な　お　め　め
こん　な　お　か　お　あ　かちゃん　の　お　か　お　は　こん　な　お　か　お
G　D　A7　D　A
な　まず　の　お　ひ　げ　は　こん　なお　ひ　げ　だい　す　き　な　だ　い　す　き　な
アッ　カンベ　の　お　め　め　は　こん　なお　め　め　だい　す　き　な　だ　い　す　き　な
ネ　ズミ　の　お　か　お　は　こん　なお　か　お　だい　す　き　な　だ　い　す　き　な
Em　A7　A　D
パ　ー　パ　の　お　ひ　げ　は　こん　な　お　ひ　げ
マ　ー　マ　の　お　め　め　は　こん　な　お　め　め
せ　ん　せい　の　お　か　お　は　こん　な　お　か　お

遠足に

バスごっこ

作詞：香山美子　作曲：湯山 昭

～2歳　3歳　4歳　5歳

「おとなりへ ハイ」の部分は、となりの人に切符を渡すしぐさをしながら歌います。遠足の前後に歌ってもよいでしょう。

♩=130
1. おおがたバスに のってます
2. おおがたバスに のってます
3. おおがたバスに のってます
きっぷをじゅんに わたしてね おとなりへ ハイ おとなりへ ハイ おとなりへ ハイ おわりの ひとは ポケットに!
いろんなとこが みえるので よこむいた アッ うえむいた アッ したむいた アッ うしろむいた アッ うしろの ひとは ねーむった!
だんだんみちが わるいので ごっつ(ン)つんこ ドン ごっつ(ン)つんこ ドン ごっつ(ン)つんこ ドン おしくら まんじゅう ギュッ ギュッ ギュッ!

遠足に

ピクニック

訳詞：萩原英一　作詞・作曲：イギリス民謡

～2歳　3歳　**4歳**　**5歳**

２グループに分かれて、一方が「やぎさんも」と歌ったら、もう一方が「メーエ」と鳴き声を出すと、楽しいかけ合いソングになります。

あそびのアイディア

ストーリーを楽しく伝えて

「○○牧場《まきば》までみんなで出かけましょう。お弁当持って、水筒持って…。さあピクニック！　歩いていたら、やぎさんがやってきました。『△組のみなさん、牧場《まきば》の空気はウメェ～』ですって…」と物語を作り、これをペープサートで演じて歌詞の内容を伝えるようにすると、より楽しく歌えることでしょう。

遠足に

えんそくバス

作詞・作曲：阿部直美

～2歳　3歳　4歳　5歳

「ブブブー」の部分は、左手の和音が「ブブブー」というクラクションの音を表現しています。

♩=124
F　F　F　C　C7　F　Dm　C7　F
1.2. おおきなバスで　ブ ブ ブー
おべんと もって　ブ ブ ブー　すいとう もって
みんなと いっしょ　ブ ブ ブー　せんせいと いっしょ
ブ ブ ブー　えんそくバス　ブ ブ ブー

あそびのアイディア

列を作ってバスごっこ

リーダーを決めておき、1番の終わりでリーダーは「○人のバス！」とコールします。残りのみんなは、すばやく言われた人数で縦1列に並んで前の人の肩を持って連なり、2番を歌いながら進みます。言われた人数になれなかった子は自転車をこぐ自由表現をしてバスを追いかけても。

3人のバス!!

七夕に

たなばたさま

文部省唱歌　作詞：権藤はなよ　補作詞：林 柳波　作曲：下総皖一

～2歳　3歳　4歳　5歳　♪原曲：ト長調

「のきば」「すなご」「ごしきのたんざく」など、普段聞き慣れない言葉の意味を説明してから歌いましょう。

♩=108
1. ささの は さらさら のきば に ゆれる おほしさ ま きらきら きんぎん すなご
2. ごしき の たんざく わたし が かいた おほしさ ま きらきら そらから みてる

※のきば…軒（のき）の端。屋根の端のこと。※すなご…金箔や銀箔を細かい粉にしたもの。ふすまなどの装飾に使用される。うたでは星のたとえとして用いられている。
※ごしきのたんざく…5色の短冊のこと。

七夕に

きらきらぼし

訳詞：武鹿悦子　作詞・作曲：フランス民謡

～2歳　3歳　4歳　5歳　♪原曲：ニ長調

星のお面をかぶって星の子になり、「きらきらひかる」では両手を頭上で開閉するなど、輝く星をイメージして自由に踊りましょう。

プール開きに

水あそび

作詞：東 くめ　作曲：滝 廉太郎

～2歳　3歳　4歳　5歳　♪原曲：ト長調

実際に、マヨネーズ容器に穴をあけて水でっぽうを手作りし、「しゅっしゅっしゅっ」と水をかけ合ってみましょう。

♩=104
F　C7　F
ラ　ラ　ラ　ファ　ファ　ファ　ド　ド　ファ
F　C7
ド　ド　ド　ファ　ファ　ファ　ソ　ラ　ラ　ソ
み　ず　を　た　く　さん　くん　で　き　て
F　B♭　F
ラ　ラ　ラ　ファ　ファ　ソ　ソ　ファ　レ　ド
み　ず　でっ　ぽう　で　あ　そ　び　ま　しょう
F　C7
ド　ド　ファ　ラ　ド　ド　ファ
いち　にい　さん　し　しゅっ　しゅっ　しゅっ

プール開きに

夏だよプールだよ

作詞・作曲：阿部直美

～2歳　3歳　4歳　5歳

プールの準備体操としてもよく使われる曲。かえるやくらげ、いるかなど、水が大好きな生き物と一緒に遊んでいるつもりで歌いましょう。

あそびのアイディア

泳ぎを自由に表現しましょう

歌の「スイスイスイ」「プカプカプカ」「ジャンプジャンプジャンプ」の言葉に合わせて、体を動かしましょう。また、うたのあとにⒶやⒷを続けて、平泳ぎやクロール・バックの動作を自由に表現してもよいでしょう。楽しいプールの時間ですが、中には水を怖がる子どももいます。こうしたあそびで気持ちを盛り上げて、水への抵抗感をやわらげてあげたいですね。

このあとⒶかⒷに続ける。

Ⓐ 平泳ぎの動作を自由に表現してみましょう。

Ⓑ クロール・バックの動作を自由に表現してみましょう。

お泊まり保育に

キャンプだホイ

作詞・作曲：マイク真木

〜2歳　3歳　**4歳**　**5歳**　♪原曲：ト長調

繰り返し出てくる「キャンプだホイ」のところは、2人組で向かい合って両手をつなぎ、両足で跳びながらひと回りしましょう。

あそびのアイディア

グループで歌う部分を分けて

キャンプファイヤーを囲みながら、ルールに従って歌い、みんなで仲良くなりましょう。

まずはじめに全員で歌って歌詞を覚えます。次にリーダを決め、リーダーはみんなをA・B・Cの３つのグループに分けます。ここからはリーダーが指揮をとって、右のようにグループごとに歌い分けてあそびます。

前半４小節「キャンプだホイ〜ホイホイホーイ」の部分は手拍子を打っても楽しいでしょう。

歌い方

リーダー：キャンプだホイ♪
グループA・B・C：キャンプだホイ♪
全員：キャンプだホイホイホーイ♪
（２回繰り返す）

リーダー：A！
グループA：はじめてみるやま♪
リーダー：C！
グループC：はじめてみるかわ♪
リーダー：B！
グループB：はじめておよぐうみ♪
（リーダーがコールしたグループがワンフレーズずつ歌う）

全員：きょうからともだち あしたもともだち
ずっとともだちさ♪

お月見に

月

文部省唱歌

～2歳　3歳　4歳　5歳

お月様が満ちたり欠けたりすることを図鑑で見せて、十五夜の月はおぼんのように丸いことを伝えましょう。

お月見に

うさぎ

文部省唱歌

〜2歳 3歳 4歳 5歳

「昔の人は、『月の世界にはうさぎが住んでいて、おもちをついている』と信じていた」という話を聞かせてもよいでしょう。

♩=72
う さ ぎ う さ ぎ な に み て は ね る
じゅ う ご や お つ き さ ま み て は ー ー ね る

かたたたき

作詞・作曲：阿部直美

～2歳　3歳　4歳　5歳

子どもが祖父母の肩を歌いながらリズミカルにたたきます。敬老の日だけでなく、親子のふれあいあそびとしても使えます。

ワンポイントアドバイス

肩をたたきながら歌ってみましょう。「りょうてそろえて」は両手一緒に、はじめの「かたてでトントン」は右手だけで４回、次の「かたてでトントン」は左手だけで４回たたきます。「げんきで～いつまでも」は普通の肩たたきをしましょう。

運動会に

うんどうかい

作詞：三越左千夫　作曲：木原 靖

～2歳　3歳　4歳　5歳

最近は、紅白のほか、黄色組、青組など、色とりどりのチームに分かれます。自分の組の色に合わせた歌詞で歌ってみましょう。

♩=110
C　C　F
1.2. まっ て たまっ て た うん どう かい
C　G　C　F
ワー イワー イ
あ か ぐ み だ　つ な ひ き だっ て　ま け な い ぞ
し ろ ぐ み だ　か け っ こ だっ て
C
(かけ声)
フレ フレ フレ フレ フレ フレ

ワンポイントアドバイス

全体に元気に歌いますが、最後の「フレフレフレ」は特に勢いをつけて、次第に大きくなるように歌ってみましょう。さらに慣れてきたら、音程にとらわれず、かけ声のように歌うとよいでしょう。ただし、リズムはくずさないように。

七五三サンバ

作詞・作曲：阿部直美

〜2歳　3歳　4歳　5歳

明るく元気なサンバのリズムで、七五三をお祝いしましょう。ポンポンを持って踊っても楽しい曲です。

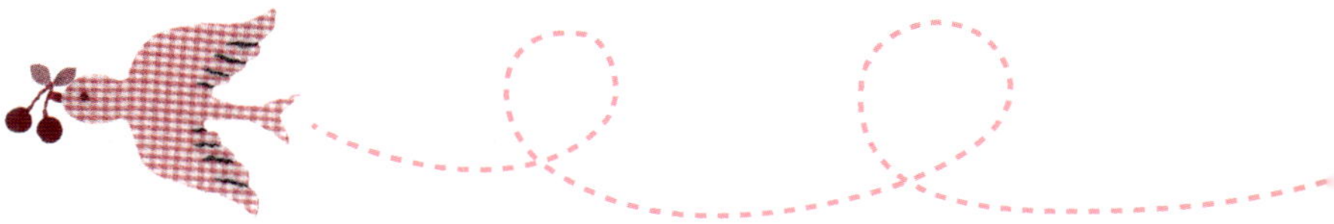

F
B♭
4
ラ ラ ラ シ♭ ド
レ ド
シ♭
シ♭ ラ
しちごさん
サ ン
バ
サン サン
1 2 5 1 2 3 5
ファ ド ファ ファ ミ♭ レ シ♭ シ♭ ファ
B♭
F7
5
ソ シ♭ ラ ソ
ラ ラ ラ ラ ラ ソ
ミ♭
ラ ソ
ファ ラ ソ ファ
み な さ ん
おめでとサ ン
バ
サン サン
み な さ ん
シ♭ ファ ド ファ ド ファ ファ ド ファ ド ファ ド
B♭
G
Cm
5
レ レ レ レ レ ミ♭
ファ
ソ ファ
ミ♭ レ
ド ド ド レ
げんきなサ ン
バ
サン サン
サン サン
し ち ご さ
1 4 5
シ♭ ファ シ♭ファ ファ シ♭ ソ レ ソ レ ド ソ
Cm
F
B♭
1 4
ミ♭
ファ ファ ソ
ラ レ
ド
シ♭
ん
し ち ご
サン サン
サン
バ
1 4 1 2 5
ド ソ ソ ド ファ ド ファ ド ファ ファ ミ♭ レ シ♭

クリスマスに

赤鼻のトナカイ

作詞・作曲：John D.Marks　訳詞：新田宣夫

～2歳　3歳　4歳　5歳

慣れてきたら、「暗い夜道は～役に立つのさ」を、サンタクロースをイメージした声色で歌うと臨場感が出ます。

RUDOLPH THE RED NOSED REINDEER

MARKS JOHN D

クリスマスに

あわてん坊のサンタクロース

作詞：吉岡 治　作曲：小林亜星

〜2歳　3歳　4歳　5歳

「リンリンリン」のところは、ハンドベルやカスタネットなどでリズム打ちをしても楽しいでしょう。

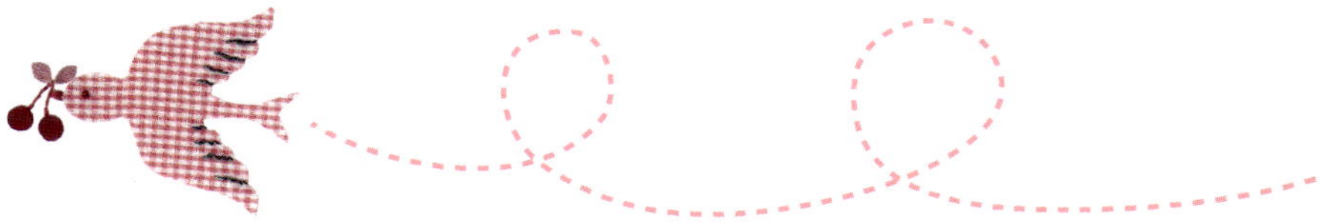

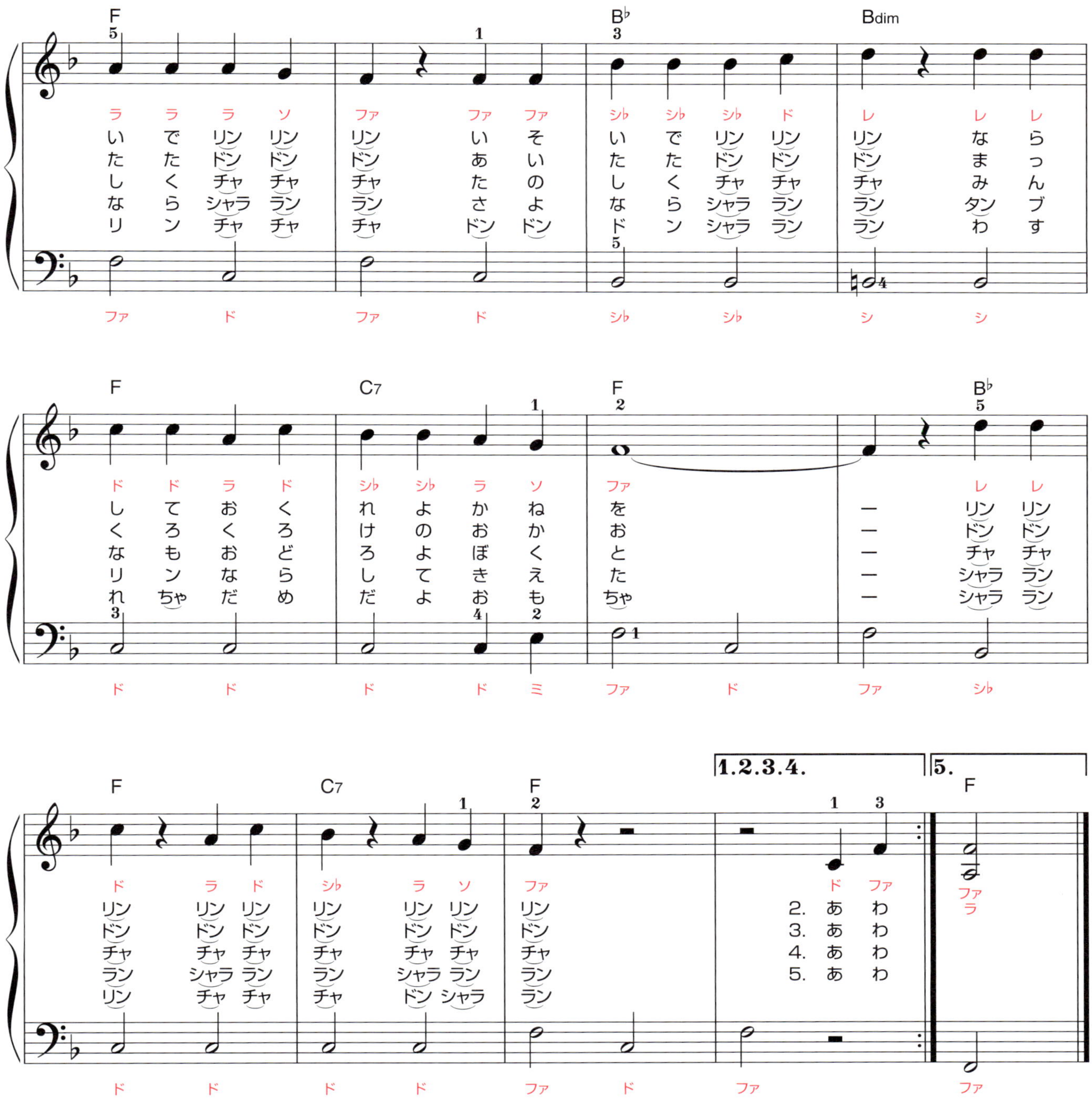

F Bb Bdim
ラ ラ ラ ソ ファ ファ ファ シb シb シb ド レ レ レ
いでリンリンリンいそいでリンリンリンなら
たたドンドンドンあいたたドンドンドンまっ
しくチャチャチャたのしくチャチャチャみん
ならシャラランランさよならシャラランランタンブ
リンチャチャチャドンドンドンシャラランランわす
ファ ド ファ ド シb シb シ シ
F C7 F Bb
ド ド ラ ド シb シb ラ ソ ファ レ レ
しておくれよかねをーリンリン
くろくろけのおかおードンドン
なもおどろよぼくとーチャチャ
リンならしてきえたーシャララン
れちゃだめだよおもちゃーシャララン
ド ド ド ド ミ ファ ド ファ シb
F C7 F 1.2.3.4. 5. F
ド ラ ド シb ラ ソ ファ ド ファ ファ ラ
リンリンリンリンリンリンリン 2. あわ
ドンドンドンドンドンドンドン 3. あわ
チャチャチャチャチャチャチャ 4. あわ
ランシャラランランシャラランラン 5. あわ
リンチャチャチャドンシャララン
ド ド ド ド ファ ド ファ ファ

クリスマスに

ジングルベル

作詞・作曲：J.S. Pierpont　訳詞：宮澤章二

〜2歳　3歳　4歳　5歳　♪原曲：ト長調

クリスマス会の出し物として、また、合奏曲として使われることが多い曲。軽快なテンポを保って演奏しましょう。

F B♭ Gm C C7 F
ド ラ ソ ファ レ レ レ シ♭ ラ ソ ド ド ド ド レ ド シ♭ ソ ファ
きにまけば あかるいひかりのは なになるよ
んでいくよ かがやきはじめたほ しのそらへ
ファ ド シ♭ ファ ソ レ ド ソ ド ソ ファ ド レ ミ
F B♭ F
ラ ラ ラ ラ ラ ラ
ド ド ド ド ド ド
ラ ド ファ ソ ラ
ド ド
シ♭ シ♭ シ♭ シ♭ シ♭ ラ ラ ラ ラ
ジングルベル ジングルベル すずがなる すずのリズムにひか
ファ ド ファ ド ファ ド ファ ド シ♭ ファ ラ ファ
Gm C F
ラ ソ ソ ファ ソ ド
ラ ラ ラ ラ ラ ラ
ド ド ド ド ド ド
ラ ド ファ ソ ラ
ド ド
りのわがまう ジングルベル ジングルベル すずがなる
ソ レ ド ミ レ ド ファ ド ファ ド ファ ド ファ ド
B♭ F 1. C7 F 2. C7 F
シ♭ シ♭ シ♭ シ♭ シ♭ ラ ラ ラ ド ド シ♭ ソ ファ ド ド ド シ♭ ソ ファ
ファ
ラ
もりにはやしにひ びきながら 2.は びきながら
シ♭ ファ ラ ファ ソ ド ファ ド ファ ソ ド ファ ファ

節分に

豆まき

絵本唱歌

～2歳 3歳 4歳 5歳 ♪原曲：ニ長調

「ぱらっ（𝄾）ぱらっ（𝄾）…」の８分休符を大切に、ていねいに歌いましょう。「おにはこっそり」はピアニシモで歌います。

ひなまつりに

おひなさま

絵本唱歌

～2歳　3歳　4歳　5歳

実際にひな人形を見ながら、どこに「だいり様」や「官女」や「五人ばやし」が飾られているかを探してみましょう。

♩=88
F　C7　F　F
だ い り
C　F　C　F　B♭
さ ま や ら　かん じょ や　ら　ご に ん　ば や し も
C　F　B♭　F
に ぎ や か　に　あ ら れ　ひ し も ち　も も の は
C　F　C7　F
な　ぼん ぼ り　つ け て　ひ な ま つ　り

ひなまつりに

うれしいひなまつり

作詞：サトウハチロー　作曲：河村光陽

～2歳　3歳　4歳　5歳

ひなまつりの定番曲。タイトルは「うれしい」ですが、１番では「たのしいひなまつり」と歌う点に注意しましょう。

Cm A♭ G7 Cm
ミ♭ ミ♭ ミ♭ レ ミ♭ ミ♭ ソ ミ♭ レ レ ミ♭ レ ド
おはなをあげましょもものはな
ふーたりならんですましがお
かすかにゆーするはるのかぜ
きょーうはわたしもはれすがた
ソ ド ラ♭ ソ ファ ミ♭ ド
Cm Fm G
ド ド レ ド ラ♭ ソ ミ♭ ミ♭ ソ ソ ド ラ♭ ソ
ごにんばやーしのふえたいこ
およめにいらーしたねえさまに
すこししろーざけめされたか
はるのやよーいのこのよきひ
ソ ド ソ ド ソ ド ファ ソ ファ ミ♭ レ
Cm A♭ G7 Cm
ミ♭ レ ド レ ミ♭ ソ ド ラ♭ ソ ミ♭ レ ド
きょうはたのしいひなまつり
よくにたかんじょのしろいかお
あかいおかおのうだいじん
なにようれしいひなまつり
ソ ド ミ♭ ラ♭ ソ ファ ミ♭ ド

あそびのアイディア

ひな人形を作ってみましょう

このうたを歌ったあと、ひなまつりに向けてみんなでひな人形を手作りしてみましょう。紙コップやトイレットペーパーの芯など、同じ形がそろいやすいものを土台にして、それに折り紙や千代紙で着物を着せてあげると簡単に仕上げることができます。

うたに詠みこまれている「ぼんぼり」「びょうぶ」「官女」「五人ばやし」なども作ると、うたの内容をより理解しやすくなるでしょう。

おわかれ会に

おわかれかいのうた

作詞：佐倉智子　作曲：おざわたつゆき

～2歳　3歳　4歳　5歳

１番を在園児、２番を卒園児が歌います。「げきあそび」「フォークダンス」などは、園での活動に合わせて詞を替えても。

♩=104
F C Gm G7 F C F B♭ Gm C7 F
1.げきあそび　みせてくれた
フォークダンス　おしえてくれた
おおきいくみさん　ありがとう
B♭ F C F C7
さよなら　しても　ときどききてね
B♭ F C7 F
いっしょに　あそんだ　ようちえんへ
（ほいくえん）

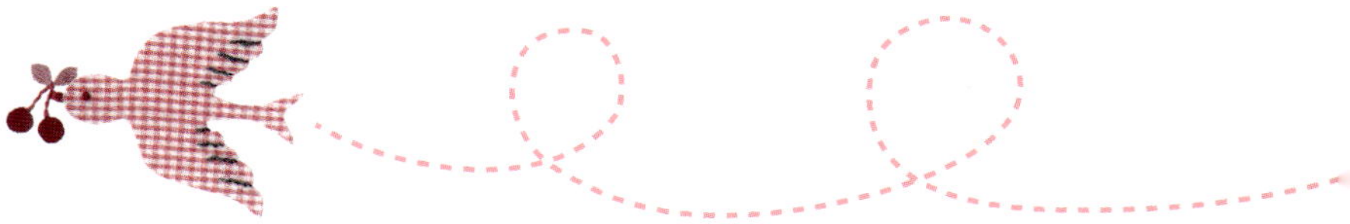

F F C
ド ファ ラ ファ ド　ド ファ ラ ファ ド　ファ ファ ファ ファ ミ ファ　ソ ソ ミ ミ ド
2.けん かなん か　しないでね
ファ　ファ　ファ ラ　ミ ド ド ミ ソ
Gm G7 F C F B♭ Gm C7 F
ソ ソ ソ ソ ソ ファ ソ　ラ ラ シ♭ シ♭ ド　レ ド シ♭ シ♭ シ♭　ラ ラ ソ ソ ファ
うさぎ とうばん　たのんだよ　ちいさい くみさん　げんきでね
シ♭ シ♮　ド ソ ラ ド　シ♭ ファ レ ソ　ド シ♭ ラ ファ
B♭ F C F C7
レ ミ ファ レ　ド ファ ラ　ソ ソ ソ シ♭ ラ ファ　ド
さ よなら　しても　ときどきくる　よ
シ♭ レ ファ シ♭　ド ド ファ ラ　ド ド　ド シ♭ ソ ミ
B♭ F C7 F
レ ミ ファ レ　ド ド ファ ラ　ソ ソ ミ ミ　ファ
い っしょ に　あそんだ　ようちえん　へ
(ほいくえん)
シ♭ レ ファ シ♭　ド ド ファ ラ　ド ソ シ♭ ド　ファ ド ファ

卒園式に

思い出のアルバム

作詞：増子とし　作曲：本多鉄麿

～2歳　3歳　4歳　**5歳**　♪原曲：変ホ長調

各地の園の卒園式で広く歌われている曲。自分たちの園の活動内容に合わせて、歌詞をアレンジして歌うことが多いようです。

♩.=60
C G7 C
ミ レ ド ミ ソ ミ ド レ シ レ ファ ミ レ ド
ド ミ ソ ド ミ ソ ド ミ ソ ド ミ ソ シ レ ソ シ レ ソ ド ミ ソ ド
C F
ミ レ ド ミ ソ ミ ソ ド ド ド ド シ ラ
1. いつのことだか
2. はるのことです
3. なつのことです
4. あきのことです
5. ふゆのことです
6. ふゆのことです
7. いちねんじゅうを
おもいだして
ド ミ ソ ド ミ ソ ド ミ ソ ド ミ ソ ド ファ ラ ド ファ ラ
C G7 C G7
ソ ラ ソ ファ ファ ミ レ ラ ラ ソ ミ ソ ソ ミ レ
ごらん あんなこと こんなこと あったで
ド ミ ソ ド ミ ソ シ ファ ソ シ ファ ソ ド ミ ソ ド ミ ソ シ ファ ソ シ ファ ソ

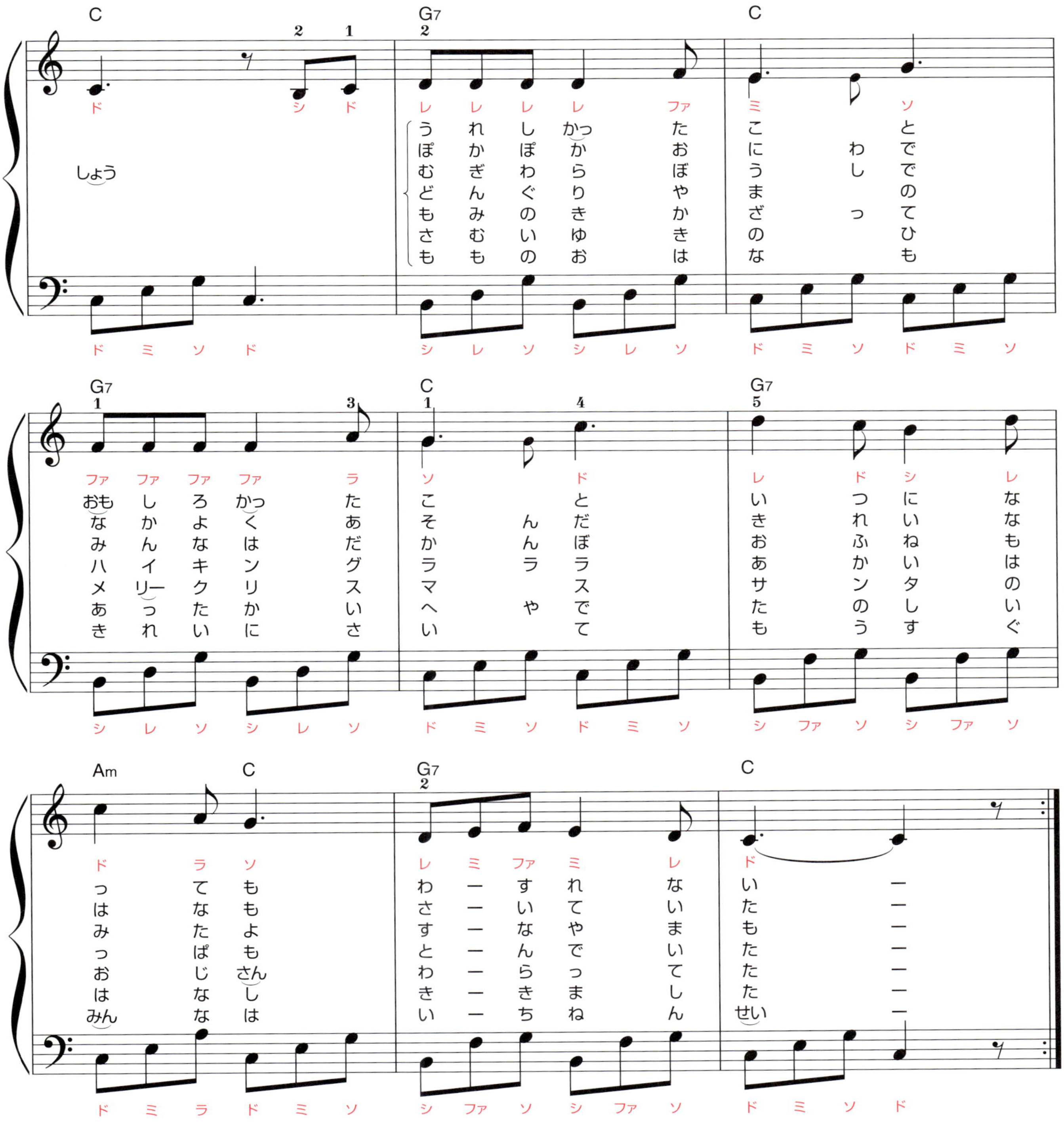
C G7 C
ド シ ド レ レ レ レ ファ ミ ソ
しょう
うれしかったこと
ぽかぽかおにわで
むぎわらぼうしで
どんぐりやまの
もみのきかざって
さむいゆきのひ
もものおはなも
ド ミ ソ ド シ レ ソ シ レ ソ ド ミ ソ ド ミ ソ
G7 C G7
ファ ファ ファ ファ ラ ソ ド レ ド シ レ
おもしろかったこと いつにな
なかよくあそんだ きれいな
みんなはだかんぼ おふねも
ハイキングラララ あかいは
メリークリスマス サンタの
あったかいへやで たのしい
きれいにさいて もうすぐ
シ レ ソ シ レ ソ ド ミ ソ ド ミ ソ シ ファ ソ シ ファ ソ
Am C G7 C
ド ラ ソ レ ミ ファ ミ レ ド
ってもわすれないー
はなもさーいていたー
みたよすーなやまもー
っぱもとーんでいたー
おじさんわーらってたー
はなしききましたー
みんないちねんせいー
ド ミ ラ ド ミ ソ シ ファ ソ シ ファ ソ ド ミ ソ ド

そつぎょうしきのうた

作詞：天野 蝶　作曲：一宮道子

～2歳　3歳　4歳　**5歳**

シンプルな構成ながら、卒園児の気持ちが反映された曲。前奏は元気に、「こんなに」からはなめらかに歌います。

♩=108
C　Am　Dm　G　C
ド ミ　ソ　ラ　ソ　ファ　ミ　ファ レ　レ シ　ソ　ファ　ミ　レ　ド
ド　シ　ラ　ラ　ラ　ファ　ソ　ソ　ソ　ド
C　F
ミ　ミ　ミ　レ　ド　レ　ミ　ファ　ソ　ソ　ラ　ラ　ソ　ラ　ラ　ソ　ソ　ラ　ラ　ド　ド
1. さ　く　ら　の　つ　ぼ　み　も　ふ　く　ら　ん　で　も　う　す　ぐ　が　っ　こ　う
2. ま　い　に　ち　か　よ　っ　た　よ　う　ち　え　ん　な　か　よ　く　あ　そ　ん　だ
ド　ソ　ド　ソ　ド　ド　ド　ド　ファ　ド　ファ　ド
G　C　F
ミ　ミ　レ　レ　ド　ド　ド　レ　ド　ラ　ソ
う　れ　し　い　な　こん　な　に　おお　き　く
お　と　も　だ　ち　おお　き　く　なっ　て　も
ソ　ソ　ド　ド　ミ　ソ　ミ　ソ　ファ　ラ　ド　ラ　ド

あそびのアイディア

卒園をイメージした壁面構成に

卒園式も近づき、年長児は進学する喜びと「大きくなった」という自信に満ちあふれています。年長組の保育室の壁面は、卒園や進学をテーマに飾りつけをするとよいでしょう。

歌詞をヒントに、桜の花の向こうに小学校が見え、ランドセルを背負った子どもたちが登校する姿などをみんなで描き、壁に貼ってみましょう。「そつぎょうしきのうた」の内容がきっと身近に感じられることでしょう。

卒園式に

一年生になったら

作詞：まど・みちお　作曲：山本直純

～2歳　3歳　4歳　**5歳**

一年生になったら、どんな楽しいことが待っているのかな。歌詞をもとに、友だち100人の絵をみんなで描いてみると楽しいでしょう。

C7 F B♭ F
ラ ラ ソ ソ ファ ド ド ラ ド レ レ レ ド ド
できるかな
ひゃーくにんーで たべたいな
ひゃーくにんーで かけたいな
ひゃーくにんーで わらいたい
ド ド ファ ファ ファ ラ ラ シ♭ シ♭ ラ
F Dm Gm C7 F Dm
ド ド ド ド レ レ レ ド レ ド ラ ソ ド レ レ ド ファ ファ
ふじさんのうえで おにぎりを ぱっくんぱっくん
にっぽんじゅうを ひとまわり どっしんどっしん
せかーいじゅうを ふるわせて わっははわっはは
ファ ミ レ ソ ソ ド ファ ファ レ レ
C7 F Dm 1.2. C7 F
ラ ラ ラ ファ ラ シ♭ ド レ ド ファ ラ ラ ファ
ぱっくんと
どっしんと
わっはっは
ド ド ファ ファ ファ レ レ ド ド ファ
3. C7 F
ラ ラ ファ ラ シ♭ ド レ ド シ♭ ラ ファ
ド ド ファ ファ

PART2 行事のうた
卒園式

卒園式に

ドキドキドン！ 一年生

作詞：伊藤アキラ　作曲：櫻井 順

～2歳　3歳　4歳　**5歳**

ドキドキする胸の鼓動を表しているメロディです。特に、「ド（𝄾）キドキドン」の８分休符を大切に歌いましょう。

♩=114
C G C
ド ソ ド ソ ド ソ ド ソ ド ソ ド ソ ド ソ ファ♯ソ ド ミ ミ ソ ド
ド ソ ド ソ ド ソ ド ソ ド ソ ド ソ ド ソ ソ ド ソ
C G C G C
ソ ド ド ソ ソ ソ ミ レ ミ ファ ソ ミ ソ ド ソ ド シ ド レ シ ド
1. サ ク ラ さ い た ら い ち ね ん せい ひ と り で い け る か な
2.チョ ウ チョ と ん だ ら い ち ね ん せい カ バ ン は お も い か な
3. ヒ バ リ な い た ら い ち ね ん せい ぼ う し は に あ う か な
ド ド ド ソ ソ ド ド ド ド ド ソ ド ド
C G C
ソ ソ ド ド ソ ソ ソ ミ レ ミ ファ ソ ミ ソ ド ソ ソ ド
と な り に す わ る こ い い こ か な と も だ ち に
ね む た く な っ た ら ど う し よ う きゅ う しょ く は
あ め の ひ か ぜ の ひ へ い き か な べ ん きょ う も
ド ド ド ソ ソ ド ド ド ド ド
G C Am Em
シ ド レ シ ド ラ ミ ミ ミ ラ ラ ド ド シ シ シ ソ ミ
な れ る か な だ れ で も さ い しょ は い ち ね ん せい
う ま い か な み ん な お な じ い ち ね ん せい
す る の か な し ん ぞ う お さ え て い ち ね ん せい
ソ ド シ ラ ラ ラ ミ ミ ミ

Em Am D7 G
シ シ シ ソ ミ ラ ミ ミ ミ ラ ラ ド ド レ ド シ ド レ
（い ち ね ん せい）
（い ち ね ん せい）
（い ち ね ん せい）
ド キ ド キ す る け ど ド ン と い け
ミ ミ ミ ラ ラ ラ レ ファ# ソ ファ ミ レ
1.2.
C G C G C
ド ソ ファ#ソ ド ミ ミ ソ ド ド ソ ファ#ソ ド ミ ミ ソ ド ソ
ド キ ド キ ドン い ち ねん せい ド キ ド キ ドン い ち ねん せい
ド ソ ソ ド ド ソ ソ ド
C Dm Em Dm G
ド ソ ファ#ソ ド レ ラ ソ# ラ レ ミ シ ラ# シ ミ ファ ファ ソ
ド ド ド ド ファ ファ ファ ファ ミ ミ ミ ミ レ レ ソ ソ
3.
G C
ミ ミ ソ ド ソ ド ソ ド ソ ド ソ ド ソ ド ソ ド ソ ド ド ド ド ド
い ち ねん せい
ソ ソ ド ド ソ ド ソ ド ソ ド ソ ド ソ ド ソ ド ド ド ド ド

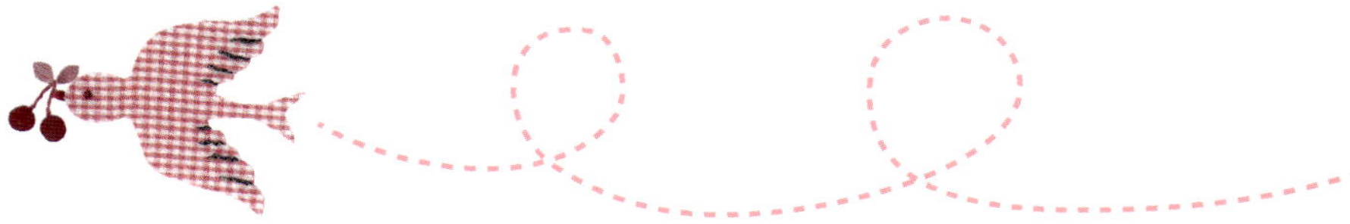

卒園式に

さよならぼくたちのほいくえん

作詞：新沢としひこ　作曲：島筒英夫

～2歳　3歳　4歳　**5歳**

卒園式で卒園児が歌います。幼稚園で歌うなら、「ぼくたちのほいくえん」を「ぼくたちのようちえん」に替えるとよいでしょう。

A7 D G
ソ ソ ミ シ ラ シ ド レ シ ラ ド シ ラ シ
ぜ を ひ い て た く さ ん の と も だ ち
す ー れ な い た く さ ん の と も だ ち
ラ ド♯ レ ラ ファ♯ ミ レ ソ シ レ シ ミ レ ド ソ
G Em Bm
レ シ ド レ ソ ソ ファ♯ ソ ファ♯ シ レ
と こ こ で あ そ ん で き た ね
と こ こ で あ そ ん で き た ね
シ ラ ソ ラ ソ ミ ソ シ ソ ラ シ ラ ソ シ ファ♯ シ ファ♯
Bm C D7 Bm Em
レ ド ド ド ミ ソ ファ♯ ミ レ レ レ ラ ファ♯ ソ ソ
ど こ で は し っ て ど こ で こ ろ ん で ど
み ず ー あ そ び も ゆ き ー だ る ま で も ず
シ ファ♯ シ ド ミ ソ ド レ ファ♯ シ レ ファ♯ ミ ソ シ
A7 D
ミ ミ ミ ソ ソ ミ ソ レ
こ で け ん か を し て ー
っ と わ す ー れ な い ー
ラ ド ミ ラ ド♯ レ ラ ファ♯ ミ レ レ ミ ファ♯

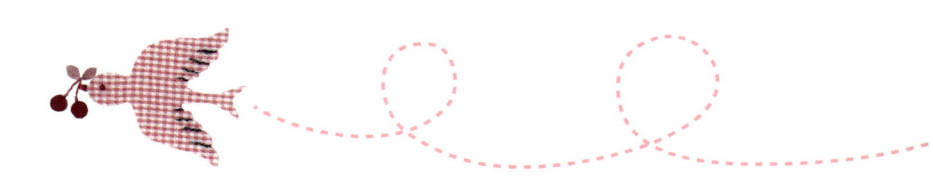

G C G C G C
さよならぼくたちのほいくえんぼくたちのあ
さよならぼくたちのほいくえんぼくたちのあ
C Cm G D G C G
そんだにわーさくらのはなーびら
そんだにわーこのつぎあそーびに
C G C Cm6 D
ふるころはランドセルのーいちねん
くるときはランドセルのーいちねん
G to Φ 1. G 2. G D7
せい
せい
たくさ
D.S.
Φ Coda
G

PART 3

季節のうた

春夏秋冬と、うつろう季節を感じながら過ごすことで
子どもの心は豊かになります。
園での活動には欠かせない季節のうたを集めました。

本書での各季節の目安は以下のとおりです。

春　3・4・5月

夏　6・7・8月

秋　9・10・11月

冬　12・1・2月

春が来た

文部省唱歌　作詞：高野辰之　作曲：岡野貞一

～2歳　3歳　4歳　5歳

「はるがきた～どこにきた」を先生が歌い、「やまにきた～のにもきた」を、子どもたちが歌っても楽しいでしょう。

♩=126
1. はるがきた　はるがきた　どこにきた　やまにきた　さとにきた　のにもきた
2. はながさく　はながさく　どこにさく　やまにさく　さとにさく　のにもさく
3. とりがなく　とりがなく　どこでなく　やまでなく　さとでなく　のでもなく

チューリップ

絵本唱歌　作詞：近藤宮子、日本教育音楽協会　作曲：井上武士

～2歳　3歳　4歳　5歳

ぞうさんの庭に咲いた大きいチューリップ、アリさんの庭の小さいチューリップなどと設定し、強弱をつけて歌い分けてみましょう。

♩=92
F C F
F C
さ い た　さ い た　チュー リッ プ の　は な が
F C F
な らん だ　な らん だ　あ か し ろ　き い ろ
F B♭ F C F
ど の は な　み て も　き れ い だ　な

春

ちょうちょう

訳詞：野村秋足　作詞・作曲：スペイン民謡

～2歳　3歳　4歳　5歳

リズムに合わせ、両手を羽のように動かしながら歌うと、自然となめらかに歌えるでしょう。

♩=104
G D7 G G
G
ちょう ちょう
D7 G D7
ちょう ちょう なのはに とまれ なのはに あいたら
G D7 G
さくらに とまれ さくらの はなの はなから
G D7 G
はなへ とまれよ あそべ あそべよ とまれ

春

メリさんの羊

訳詞：高田三九三　作詞・作曲：アメリカ民謡

～2歳　3歳　4歳　5歳

8分音符の「ひつじ」は切るようにハッキリと、付点音符の「まっしろね」などは語りかけるように歌うと、メリハリがつきます。

♩=114
F　C7　F　C7
ラ ソ ファ ソ　ラ　ソ　ド
ファ ド ラ ド　ファ ド ド ド　ド ド ド ド　ファ シ♭ ド
F　C7　F
ラ ソ ファ ソ　ラ ラ ラ　ソ ソ ソ　ラ ド ド
1.メ リ さん の　ひ つ じ　メ エ メエ　ひ つ じ
2.ど こ で も　つい てい く　メ エ メエ　つい てい く
3.あ る と き　がっ こう へ　がっ こう へ　がっ こう へ
4.せ い と が　わ らっ た　ア ハ ハ　ア ハ ハ
5.せ ん せい は　かん かん に　お こっ て　お こっ て
6.メ リ さん は　こ まっ て　こ まっ て　こ まっ て
ファ ド ラ ド　ファ ド ラ ド　ミ ド シ♭ ド　ファ ド ラ ド
F　C7　F
ラ ソ ファ ソ　ラ ラ ラ　ソ ソ ラ ソ　ファ
メ リ さん の　ひ つ じ　ま っ し ろ　ね
ど こ で も　つい てい く　か わ いい わ　ね
あ る と き　がっ こう へ　つ い て き　た
せ い と が　わ らっ た　そ れ を み　て
せ ん せい は　お こっ て　お い だ し　た
メ リ さん は　し く し く　な き だ し　た
ファ ド ラ ド　ファ ド ラ ド　ミ ド シ♭ ド　ラ ド ファ

PART3 季節のうた

春（3・4・5月）

春

春の小川

文部省唱歌　作詞：高野辰之　作曲：岡野貞一

～2歳　3歳　4歳　5歳

実際にれんげやすみれの花を見たり、写真を見たりしながら、どんな情景なのかイメージをふくらませて歌ってみましょう。

♩=104
1. はーるの おがわは さらさら いくよ きーしの すみれや れんげの はなに
2. はーるの おがわは さらさら いくよ えーびの めだかや こぶなの むれに

G C G | F C | Am G F
レ ミ レ ソ | ラ ラ ソ ラ | ド ド シ ラ
すーがた やさしく いろうつ
きょーうも いちにち ひなたで
シ ド シ ソ | ファ ファ ミ ファ | ラ ラ ソ ファ
C | F C | Am
ソ ソ ミ | ミ ソ ラ ソ | ミ ソ ド ド
くしく さーけよ さけよと
およぎ あーそべ あそべと
ミ ミ ド | ド ミ ファ ミ | ド ミ ラ ラ
F C | G7 C | C F C
ラ ラ ソ ミ | レ ミ ド | ミ ソ ラ ソ
ささやき ながら
ささやき ながら
ファ ファ ミ ド | ソ ソ ド | ド ミ ファ ミ
C F | C G7 | C
ミ レ ド ラ | ソ ラ シ | ド
ド ソ ラ ファ | ミ ソ | ド ソ ド

春

おはながわらった

作詞：保富庚午　作曲：湯山 昭

～2歳　3歳　4歳　5歳

「お父さんのお花だったらどんな声で歌うのかな？」などと問いかけ、表情をつけて歌ってみましょう。

春

ちっちゃないちご

作詞・作曲：阿部直美

～2歳　3歳　4歳　5歳

曲の前半は小さくかわいく歌い、「まっかっか」は拍手しながら元気に歌ってみましょう。

♩=116
C　Am　Dm　G7　C
ド ド ミ ソ ラ ソ ファ ミ　レ レ ファ ラ ソ
ド ド ド レ ミ ミ ミ ミ
1. ち っ ちゃ な い ち ご が
2. ち っ ちゃ な い ち ご は
Dm　G7　C
い い ま し た　ま だ ま だ ぼ く た ち　あ お い け ど
が ん ば っ て　ファ イ ト だ ぼ く た ち　げ ん き よ く
F　Em　Am　C　Am
お ひ さ ま い っ ぱ い　あ び て　まっ かっ か　まっ かっ か
あ お ぞ ら た い そ う　いち に さん　まっ かっ か　まっ かっ か
G7　C　F　G7　C
まっ かっ か に な る　ぞ
まっ かっ か に な っ　た

春

ことりのうた

作詞：与田準一　作曲：芥川也寸志

～2歳　3歳　4歳　5歳

前半を先生が歌い、後半の「ピピ～ピチクリピイ」を子どもが小鳥の羽ばたくしぐさをしながら歌ってみても。

♩=104
G　C　C　Am
1. ことりは とっても
2. ことりは とっても
Em　F　C　D　G7
うたがすき かあさんよぶのも うたでよぶ
うたがすき とうさんよぶのも うたでよぶ
C　F　G7　C
ピピピピピ チチチチチ ピチクリピイ
ピピピピピ チチチチチ ピチクリピイ

赤い鳥小鳥

作詞：北原白秋　作曲：成田為三

～2歳　3歳　4歳　5歳

赤・白・青の鳥と、木の実のペープサートを作り、歌に合わせて動かして見せるとよいでしょう。

♩=80
B♭ F Gm F F C
レ レ レ ファ ファ ソ ラ ファ ファ ファ ファ ファ ファ ソ ラ ソ
1. あ か い と り こ と り
2. し ろ い と り こ と り
3. あ お い と り こ と り
レ シ♭ ド ラ シ♭ ソ ラ ファ ファ ラ ミ ド
F C B♭ F Gm F
ド ラ ド ラ ソ ファ ソ レ レ レ ファ ファ ソ ラ ファ
な ぜ な ぜ あ か い あ か い み を た べ た
な ぜ な ぜ し ろ い し ろ い み を た べ た
な ぜ な ぜ あ お い あ お い み を た べ た
ファ ラ ミ ド レ シ♭ ド ラ シ♭ ソ ラ ファ

あそびのアイディア

「赤い鳥」を描いてみよう

歌詞にある「なぜなぜ」について、みんなで考えてみましょう。「なぜ赤い鳥は赤い実を食べたのかな？その赤い実はどんな形、どんな味をしていたかな？」「食べた小鳥は何と言ったのかな？」などと問いかけて、子どもたちのイメージをふくらませます。それを自由に絵に描いてみましょう。造形展で「赤い鳥が食べた、赤い実のついた木」を作って、みんなで飾りつけをしても楽しいでしょう。

春

山のワルツ

作詞：香山美子　作曲：湯山 昭

～2歳　3歳　4歳　5歳　♪原曲：変ホ長調

歌いながら拍手１回、ひざたたき２回のリズム打ちをくり返して、３拍子のリズムを感じてみましょう。

♩.=66
F
F B♭ Gm C7 F
1.2.3. すてきなやまのようちえん
はちじに
くーじに
じゅうじに
G♯dim Gm C7 F
なるとリスのぼうやがやってきます
なるとやぎのぼうやがやってきます
なるとくまのぼうやがやってきます
F Gm C7 F
ロン リムリム ロン ラムラム ロン リムリム ロン

春

めだかの学校

作詞：茶木 滋　作曲：中田喜直

～2歳　3歳　4歳　5歳　♪原曲：ニ長調

「そっとのぞいてみてごらん」のくり返し部分は１度目より２度目を小さくし、のぞいているしぐさをしながら歌ってみましょう。

♩=108
C　C　G7　C　F　C　F　C　F　C　G7　C　F　C　G7　C　F　C
1. めだかの　がっこうは　かわの　なか　そっと　のぞいて　みてごらん　そっと　のぞいて　みてごらん　みんなで　おゆうぎ　しているよ
2. めだかの　がっこうの　めだか　たち　だれが　せいとか　せんせいか　だれが　せいとか　せんせいか　みんなで　げんきに　あそんでる
3. めだかの　がっこうは　うれし　そう　みずに　ながれて　つーいつい　みずに　ながれて　つーいつい　みんなが　そろって　つーいつい

春

ぶんぶんぶん

文部省唱歌　訳詞：村野四郎　作詞・作曲：ボヘミア民謡

～2歳　3歳　4歳　5歳　♪原曲：ヘ長調

「ぶんぶんぶん」は１音ずつハッキリと歌い、「おいけの～さいたよ」はなめらかに歌うとメリハリがつきます。

♩=104
1.2. ぶん ぶん ぶん はち が と ぶ
おいけのまわりに のばらがさいたよ
あさつゆきらきら のばらがゆれるよ
ぶん ぶん ぶん はち が と ぶ
ぶん ぶん ぶん はち が と ぶ

アルプス一万尺

作詞：不詳　作曲：アメリカ民謡

～2歳　3歳　4歳　5歳

このアルプスは日本の北アルプスのこと。２人組で向かい合って歌いましょう。手合わせをくり返しても。

♩=110
G　C　D7　G　G　D7　G　D7　G　C　D7　G　C　G　C　G　D7　G
1.アルプスいちまんじゃく　こやりの　うえで　アルペン　おどりを　おどりま　しょ　ヘイ！
2.きーのう　みたゆめ　でっかいちいさい　ゆめだよ　のーみが　リュックしょって　ふじとざ　ん　ヘイ！
3.いちまん　じゃーくに　テントを　はれば　ほーしの　ランプに　てがとど　く　ヘイ！
ランララ　ラ　ララララ　ランララ　ラ
ララ　ラ　ランララ　ラ　ララララ　ララララ　ラ

春

さんぽ

作詞：中川李枝子　作曲：久石 譲

～2歳　3歳　**4歳**　**5歳**

慣れてきたら「あるこう～どんどんいこう」で、立って足踏みをしながら歌っても。「いっぽんばし」などのオクターブの跳躍は、歌いやすいように伴奏をていねいに。

1.2.3. あ る こう あ る こう わ た し は げ ん き
あ る く の ー だ い す き ど ん ど ん い こ う
さ か み ち ー ト ン ネ ル ー く さ っ ぱ ら
み つ ば ち ー ぶ ん ぶ ん ー は な ば た け ー
き つ ね も ー た ぬ き も ー で て お い で ー

Am Em F D7
いっぽんばしにー でこぼこじゃりみ
ひなたにとかげー でへびはひる
たんけんしようー はやしのおくま
G7 C Em
ちくものすくぐっーてー くだ
ねばったがとんーでー まが
でともだちたくさんー うれ
F G 1.2. C 3. C
りみち な ともだちたくさん
りみち
しい
Em F G C
ー うれ しい な

春

はたけのポルカ

訳詞：峯 陽　作詞・作曲：ポーランド民謡

～2歳　3歳　4歳　5歳

歌詞に出てくる動物のお面をかぶって、誕生会や発表会で踊ることもできる歌です。

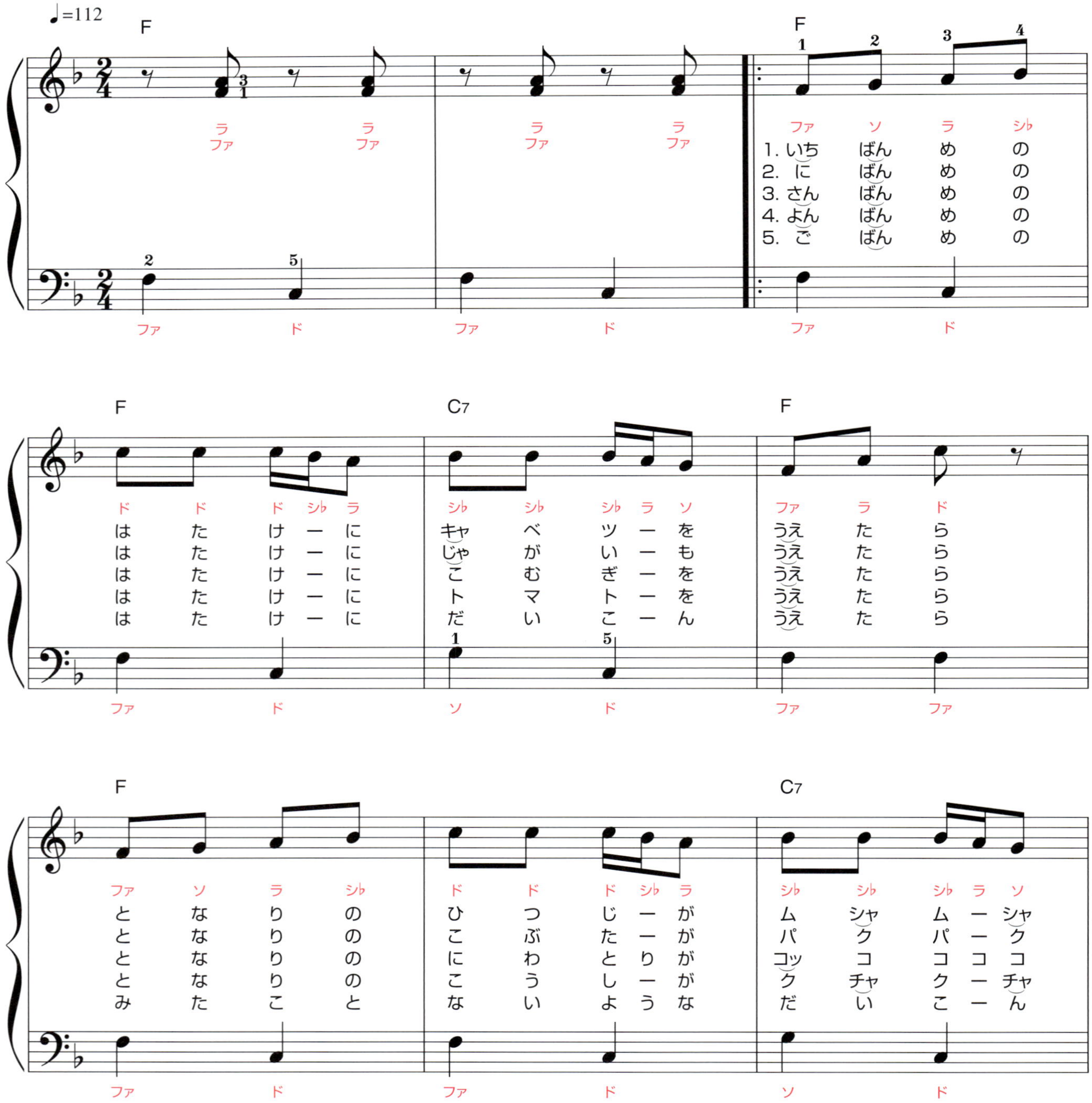
♩=112
F
ラ ファ　ラ ファ　ラ ファ　ラ ファ
ファ ド ファ ド
F
ファ ソ ラ シ♭
1. いち ばん め の
2. に ばん め の
3. さん ばん め の
4. よん ばん め の
5. ご ばん め の
ファ ド
F　C7　F
ド ド ド シ♭ ラ シ♭ シ♭ シ♭ ラ ソ ファ ラ ド
は た け ー に キャ べ ツ ー を うえ た ら
は た け ー に じゃ が い ー も うえ た ら
は た け ー に こ む ぎ ー を うえ た ら
は た け ー に ト マ ト ー を うえ た ら
は た け ー に だ い こ ー ん うえ た ら
ファ ド ソ ド ファ ファ
F　C7
ファ ソ ラ シ♭ ド ド ド シ♭ ラ シ♭ シ♭ シ♭ ラ ソ
と な り の ひ つ じ ー が ム シャ ム ー シャ
と な り の こ ぶ た ー が パ ク パ ー ク
と な り の に わ と り が コッ コ コ コ コ
と な り の こ う し ー が ク チャ ク ー チャ
み た こ と な い よ う な だ い こ ー ん
ファ ド ファ ド ソ ド

F B♭ F
ファ ラ ファ レ レ レ ド シ♭ ド ド ド シ♭ ラ
たべた はたけーの まわりーで
たべた はたけーの まわりーで
たべた はたけーの まわりーで
たべた はたけーの まわりーで
できた はたけーの まわりーで
ファ ファ シ♭ファ シ♭ファ ラファ ラファ
C7 F B♭
シ♭ シ♭ シ♭ ラ ソ ファ ラ ド レ レ レ ド シ♭
ポルカーを おどろう ひつじーを
ポルカーを おどろう こぶたーを
ポルカーを おどろう にわとりを
ポルカーを おどろう こうしーを
ポルカーを おどろう だいこーん
シ♭ド シ♭ド ラファ ラファ シ♭ファ シ♭ファ
F C7 F
ド ド ド シ♭ ラ シ♭ シ♭ シ♭ ラ ソ ファ ラ ファ
つかまえて ポルカーを おどろう
つかまえて ポルカーを おどろう
つかまえて ポルカーを おどろう
つかまえて ポルカーを おどろう
かこんーで ポルカーを おどろう
ラファ ラファ シ♭ド シ♭ド ラファ ラファ ラファ

あめふりくまのこ

作詞：鶴見正夫　作曲：湯山 昭

～2歳　3歳　4歳　5歳

くまの子どもが住んでいる山の絵を描いて見せたり、「そうっと」「ひとくち」などの動作をして、イメージをふくらませて。

♩=108
A7 D Em A7 D
D D Em A7
D Em A7 D
1. おやまに あーめが ふりました あとから あとから ふってきて ちょろちょろ おがわが できました
2. いたずら くまのこ かけてきて そうっと のぞいて みてました さかなが いるかと みてました
3. なんにも いないと くまのこは おみずを ひとくち のみました おててで すくって のみました
4. それでも どこかに いるようで もいちど のぞいて みてました さかなを まちまち みてました
5. なかなか やまない あめふって かさでも かぶって いましょう あたまに はっ(𝄾)ぱを のせました

夏

かえるの合唱

訳詞：岡本敏明　作詞・作曲：ドイツ民謡

～2歳　3歳　4歳　5歳

高い声のカエル、低い声のカエルなど、テンポや声色を変えて、大小さまざまなカエルを歌い分けてみましょう。

夏

かたつむり

文部省唱歌

～2歳　3歳　4歳　5歳　♪原曲：ニ長調

右手をチョキにして、その甲の上にグーにした左手を乗せてかたつむりを作り、歌に合わせて動かしても。

夏

大きな古時計

作詞・作曲：H.C.Work　訳詞：保富庚午

～2歳　3歳　**4歳**　**5歳**

ストーリー性のある歌詞なので、物語がわかるよう、黒板に絵を描きながら先生が歌って聞かせてもよいでしょう。

G Am G D7 G
シ ド シ ミ ラ ラ ソ ソ ソ ファ♯ ミ ファ♯ ソ ソ シ
い て い た ご じ ま ん の と け い て さ ー お じ
やっ て き た そ の ひ も う ご い て た ー う れ
き た の を み な に お し え た の さ ー て ん
シ ソ ド ラ シ ソ ド レ シ ソ レ ソ
G D7 G Em
レ シ ラ ソ ファ♯ ソ ラ ソ ファ♯ ミ レ ソ シ レ シ ラ ソ ファ♯ ソ
い さ ん の う ま れ た あ さ に か っ て き た と け い
しい こ と も か な し い こ と も み な しっ て る と け い
ご く へ の ぼ る お じ い さ ん と け い と も お わ か
ソ レ シ レ シ レ シ ラ レ ド (レ) ド レ ド ソ レ シ ミ シ ソ
A7 D G D G7 E7 Am
ラ レ ソ ソ ラ シ シ ド シ ミ ラ ラ
さ さ れ
い ま は もう う ご か な い そ の
ド♯ ソ レ ファ♯ ソ ソ ファ♯ ファ ミ ラ ド
G D7 G D7
ソ ファ♯ ソ レ レ ソ レ レ ミ レ レ
と け い ー ひゃ く ねん や す ま ず に
シ レ ド レ シ ソ レ ソ ソ シ ラ ド

ワンポイントアドバイス

歌いかたを意識して雰囲気を作って

この曲は３つの部分に分けられます。それぞれ歌いかたを変えるとよいでしょう。

①「おおきなのっぽの〜かってきたとけいさ」

②「いまはもううごかない そのとけい」

③「ひゃくねんやすまずに〜ちくたくちくたく」

歌うときは、①は物語を話すように、②は少し音量を落としてささやくように、③は時計の針が正確に動いてリズムを刻むイメージで歌いましょう。また、３番の②から最後にかけては、テンポを少し落として次第にゆっくり歌い、雰囲気を盛り上げます。

ストーリー性のあるうたなので、うたに合わせてペープサートやパネルシアターを見せてもよいでしょう。

夏

とけいのうた

作詞：筒井敬介　作曲：村上太朗

～2歳　3歳　4歳　5歳　♪原曲：ニ長調

本物の時計を見ながら、「大人の針は大きくコチコチ動いているね。子どもの針の動きは小さいねぇ」と、みんなで話し合ってみましょう。

♩=110
1. コ チ コ チ カッ チン
2. コ チ コ チ カッ チン
お と け い さん
お と け い さん
コ チ コ チ カッ チン
コ チ コ チ カッ チン
う ご い て る
う ご い て る
こ ど も の は り と
こ ど も が ピョ コ リ
お と な の は り と
お と な が ピョ コ リ
こ ん に ち は さ よう な ら
こ ん に ち は さ よう な ら
コ チ コ チ カッ チン さ よう な ら
コ チ コ チ カッ チン さ よう な ら

夏

海

文部省唱歌　作詞：林 柳波　作曲：井上武士

～2歳　3歳　4歳　5歳

「月が昇る」「日が沈む」といった言葉の内容について、具体的に絵に描くなどして理解を深めてから歌いましょう。

♩=88
G　C　D7　G
シ ラ ソ　シ シ シ レ　ド ド シ ラ　ソ
ソ　ソ シ　ド レ レ　ソ ソ
G　C　G　D
シ ラ ソ　ミ ラ ソ ミ　レ レ ソ ソ　ラ
1. う み は　ひ ろ い な　お お き い な
2. う み は　お お な み　あ お い な み
3. う み に　お ふ ね を　う か ば せ て
ソ レ ソ　ド ミ ソ　ソ レ ソ　レ ファ# ラ
G　C　D7　G
シ シ レ　シ シ ラ ソ　ミ ミ レ ラ　ソ
つ き が　の ぼ る し　ひ が し ず　む
ゆ れ て　ど こ ま で　つ づ く や　ら
い っ て　み た い な　よ そ の く　に
ソ レ ソ　ソ レ ソ　ド レ ファ#　ソ ソ

ワンポイントアドバイス

文部省唱歌には時代とともに歌詞が改訂されているものがあります。この曲の3番「うかばせて」のところは、元は「うかばして」と歌っていました。今でも「し」で歌われることがありますが、間違いではありません。

夏

しゃぼんだま

作詞：野口雨情　作曲：中山晋平

〜2歳　3歳　4歳　5歳　♪原曲：ニ長調

実際にシャボン玉あそびをして、屋根まで飛んだり壊れて消えたりする様子を体験すると、歌いかたもおのずと違ってくるでしょう。

♩=72
1. しゃ ぼ ん だ ま　と ん だ　や ね ま で　と ん だ
2. しゃ ぼ ん だ ま　き え た　と ば ず に　き え た
や ね ま で　と ん で　こ わ れ て　き え た
う ま れ て　す ぐ に　こ わ れ て　き え た
か ぜ か ぜ　ふ く な　しゃ ぼんだ ま　と ば そ

夏

カバさんのすいどう

作詞・作曲：阿部直美

〜2歳　3歳　4歳　5歳　♪原曲：二長調

お父さんのカバさん、子どものカバさんをイメージして、強弱や表情をつけて歌い分けても。最後の「アラ」は、「アラーーッ」など、自由に表現します。

♩=110
C　F　Gm　G7　C7　F　C7
1.〜3.　おおきなすいどう　キュッ
C　F
カバさんが おててを / おかおを / からだを　ゴシゴシ
とってもきれいに
B♭　F　Gm　C7　F
なっちゃった　おみずもちゃーんと　とめました　キュッ
なっちゃった　おみずもちゃーんと　とめました　キュッ
なったのに　おみずのなかから　でてこない　アラ

ワンポイントアドバイス

左手をグーにして親指と人さし指側を上に向け、その上にパーにした右手をのせて、水道のじゃぐちを表現します。曲中の「キュッ」でパーの手を回し、水を出したり止めたりしながら歌うと愉快です。

夏

ありさんのおはなし

作詞：都築益世　作曲：渡辺 茂

～2歳　3歳　4歳　5歳

「小さな声」「ないしょの声」は小さな声で、「おいしいお菓子」「大きな桃の実」の嬉しい気持ちは大きな声でおおらかに…と歌い分けて。

あそびのアイディア

アリさんはどうなった？

「おいしいお菓子を見つけたアリさんは、そのあとどうしたかな」と、子どもたちに問いかけてみましょう。「アリたち全員がやってきて、ヨイショ コラショってお菓子を引っ張ってね、穴に持って帰って、赤ちゃんアリたちに食べさせたの」というような「その後のありさんのおはなし」を考えて、簡単な劇あそびに発展させても楽しいでしょう。

夏

おつかいありさん

作詞：関根栄一　作曲：團 伊玖磨

～2歳　3歳　4歳　5歳　♪原曲：ニ長調

慣れてきたら、付点のリズムに合わせてスキップをしてみましょう。アリの触角のお面をかぶっても楽しいです。

♩=110
C　F　G7　C
C　C7
1.あんまりいそいでこっつんこ
2.あいたたごめんよそのひょうし
F　D7　G
ありさんとありさんとこっつんこ
わすれたわすれたおつかいを
C　F　G7　C
あっちいってちょんちょんこっちきてちょん

夏

アイスクリームの唄

作詞：佐藤義美　作曲：服部公一

～2歳　3歳　4歳　5歳　♪原曲：変ロ長調

「ピチャチャチャ」などの擬音はどんな感じか話し合い、また、「召しあがる」と自分に敬語を使うおもしろさも伝えてから歌いましょう。

♩=120
C Gm C Gm C Gm C G7 C
1. お と ぎ ば なし の おう じ でも む か し は と ても た べ ら れない ア イ ス ク リー ム ア イ ス ク リ ー ム ぼ く
2. お と ぎ ば なし の おう じょ でも む か し は と ても た べ ら れない ア イ ス ク リー ム ア イ ス ク リ ー ム わ た
C G7 C
C E♭dim G D7 G7

C G7 C
ソ ド シ ド ドミ ファ レ レ レ レ ミ ファ ファ ファシ シファ ミ ミ ド ド ド ミ ファ
は おうじ では ないけれど アイ スクリームを めしあがる スプー
しは おうじょ では ないけれど アイ スクリームを めしあがる スプー
ド ソ ソ ソ ファ ファ ソ レ ミ ミ ド ド
C G7 C
ソ ソ ド ド シ シ シ レ ミ ファ ファ シ シ シ ラ ラ ソ ソ ラ シ
ン ですくって ピチャ チャ チャ した に のせると トロン トロ のど
ン ですくって ピチャ チャ チャ した に のせると トロン トロ のど
ド ソ ファ ファ ファ レ レ レ ソ レ ミ ミ ド ド
A7 Dm G C G7 C
ラ ソ ソファ ファラ ラ ソ ソ ファ ミ レ ド ミ ミ♭
をおんがくたい が とお り ま す プ カ
をおんがくたい が とお り ま す プ カ
ラ レ レ レ ソ ソ ミ ファ ド ソ ミ ソ ド ド
D7 G D7 G
レ レ ラ ファ♯ ソ ソ レ レ レ ミ ミ♭ レ ファ♯ ラ ド シ ソ ソ ソ ソ ファ♮
プ カドン ドン つめたいね ルラ ルラル ラ あまいね チー
プ カドン ドン つめたいね ルラ ルラル ラ あまいね チー
ファ♯ ファ♯ ファ♯ ファ♯ レ レ レ レ ソ ソ ソ ソ シ シ シ シ ファ♯ ファ♯ ファ♯ ファ♯ レ レ レ レ ソ ソ ソ ソ シ シ シ シ

曲のはじめに戻ります。
E7 Am D Em 1. D7 G7
タカ タッ タッ タッ おいしい ね アイ スクー リー ム は たのしいね
タカ タッ タッ タッ おいしい ね アイ スクー リー ム は
2. D7 G7 C G7
たのしいね おと ぎばなしの おうじでも むか しはとても
C E♭dim G Dm
たべられない アイ スクリー ム アイ スク
G7 C
リー ム ー

夏

おひさまにジャンプ

作詞：佐倉智子　作曲：おざわたつゆき

～2歳　3歳　**4歳**　**5歳**　♪原曲：変ロ長調

赤いハンカチを両手に持ち、前半は足踏み拍手。「オーイ そらまで」からは頭上で振ってみましょう。発表会や子ども会で使える曲です。

Dm G C G7 C
ラ ラ レ ド シ ラ ソ ド シ ド レ ド
に こ に こ え が お で ー やっ て こ い
レ ラ レ ラ ソ ソ ド レ ソ レ ソ ド シ ラ ソ
C Dm G7 C
ミ ド レ ド シ ラ レ ミ ファ (ファ) ソ ラ ソ
オー イイ そ ら ま で と ん で ー ゆ こ う
オー イイ そ ら ま で あ そ び に ゆ こ う
オー イイ そ ら ま で の ぼ っ て ゆ こ う
ミ ド ミ ド ミ ド ミ ド ファ レ ファ レ ファ レ ファ レ ファ ソ ファ ソ ファ ソ ファ ソ ミ ド ミ ド ミ ド ミ ド
F♯m B7 Em Am D D7 G7
ラ シ ラ ソ ソ ラ シ ド ド ド ラ (ラ) (ラ) シ ド レ
まっ か な ハ ン カ チ (𝄽) と り に ー ー ゆ こ う
でっ か い お ひ さ ま と つ な ひ ー き し よ う
く も の ひ ろ ば で (𝄽) か く れ ん ぼ し よ う
ラ ファ♯ ラ ファ♯ ラ シ ラ シ ソ ミ ソ ミ ミ ラ ミ ラ ファ♯ レ ファ♯ レ ド レ ド レ シ ソ シ ファ シ ミ シ レ
C D G7 C
ミ ド レ ラ シ シ シ ド レ ミ ミ ド
ホップ ステップ ホップ ステップ お ひ さ ま に ジャ ン プ
ソ ミ ド ソ ミ ド ラ ファ♯ レ ラ ファ♯ レ ファ ソ ファ ソ ファ ソ ファ ソ ミ ド ソ ド

夏

アイ・アイ

作詞：相田裕美　作曲：宇野誠一郎

～2歳　3歳　4歳　5歳

「アイアイ」はマダガスカル島に住むサル。保育者が「アイアイ」と歌ったら、子どもが「アイアイ」と歌い返します。

♩=114
C G7 C G7 C G7
C G7 C Dm
1. アーイ　アイ　（アーイ　アイ）　アーイ　アイ　（アーイ　アイ）
2. アーイ　アイ　（アーイ　アイ）　アーイ　アイ　（アーイ　アイ）
C G7 C
おさるさーんだ　よ　アーイ　アイ　（アーイ　アイ）
おさるさーんだ　ね　アーイ　アイ　（アーイ　アイ）
F G7 C
アーイ　アイ　（アーイ　アイ）　みなみのしまー　の
アーイ　アイ　（アーイ　アイ）　このはのおうー　ち

F C D7
ド ド ド ド ソ ソ ソ ソ ラ ラ ラ ラ シ ド
アイ アイ （アイ アイ） アイ アイ （アイ アイ） し っ ぽ の な が
アイ アイ （アイ アイ） アイ アイ （アイ アイ） お め め の ま る
ラ ファ ラ ファ ソ ミ ソ ミ ファ♯ レ ファ♯ ド
G7 C Dm
レ ソ ミ ソ ミ ファ レ ファ レ
い アーイ アイ （アーイ アイ） アーイ アイ （アーイ アイ）
い アーイ アイ （アーイ アイ） アーイ アイ （アーイ アイ）
ソ シ ファ ミ レ ド ソ ド ソ レ ラ レ ラ
G7 C C F G
ソ ソ ラ シ ソ ソ ド ド ド ラ ラ シ
お さ る さ ん だ よ
お さ る さ ん だ ね
レ ソ レ ソ ド ソ ド ド ファ ソ
C F G C
ド ド ラ ラ シ ド ソ ド ド
ド ファ ソ ド ド ド

夏

オバケなんてないさ

作詞：まきみのり　作曲：峯 陽

～2歳　3歳　4歳　5歳

5番まであるので、1番ずつ主人公がどんな気持ちでいるのか、歌う前にストーリーを伝えてみても。

♩=120
G D7 G G G D7 G G D7 G A7
1.おばけなんてないさ　おばけなんてうそさ　ねーぼけたひとが　みまちがえたのさ
2.ほんとにおばけが　でてきたらどうしよう　れいぞうこにいれて　かちかちにしちゃおう
3.だけどこどもなら　ともだちになろう　あくしゅをしてから　おやつをたべよう
4.おばけのともだち　つれてあるいたら　そこらじゅうのひとが　びっくりするだろう
5.おばけのくにでは　おばけだらけだってさ　そんなはなしきいて　おふろにはいろう
だけどちょっと　だけどちょっと

あそびのアイディア

おばけが浮かび上がってくる！？

歌に出てくる、子どものかわいいおばけはどんな姿をしているのでしょう。「白くてフワフワ」「リボンをつけてるかもしれない」など、みんなで話し合ったあとに、白い画用紙に白いクレヨンでおばけを描きます。そして「おばけなんてないさ…」と歌いながら、黒い絵の具を画用紙全面に塗ってみましょう。おばけが浮かび上がってきますよ。

夏

とんでったバナナ

作詞：片岡 輝　作曲：櫻井 順

～2歳　3歳　4歳　5歳

ストーリー性のある歌詞なので、紙芝居やペープサート、パネルシアターなどで物語を演じて見せてから歌っても。

♩=132
C　D7　G7　C
C　G7
1. バナナが いっぽん ありました あおい みなみの
2. ことりが いちわ おりました やしの こかげの
3. きみは いったい だれなのさ ことりが バナナを
4. ワニが いっぴき おりました しろい しぶきの
5. ワニと バナナが おどります ボンボコ ツルリン
6. おふねが いっそう うかんでた おひげ はやした
C　F　Em
そらのした こどもが ふたりで とりやっこ
すのなかで おそらを みあげた そのときに
つつきます これは たいへん いちだいじ
すなはまで おどりを おどって おりますと
ボンツルリ あんまり ちょうしに のりすぎて
せんちょうさん グーグー おひるね いいきもち

D7 G7 C
バナナは ツルンと とんでった バナナ はどこへ
バナナが ツルンと とびこんだ はね もないのに
バナナが ツルンと にげだした たべ られちゃう なんてこ
バナナが ツルンと とんできた おひ さまにこにこ
バナナは ツルンと とんでった バナ ナはどこへ
おくちを ポカンと あけてたら バナナ がスポンと
G7 C
いったかな
ふんわりこ
やなこった
いいてんき
いったかな
とびこんだ
1.2.3.4.5.
C G7 C
バナナンバナナン バナァナ
C
6.
F
モグモグモグモグ
G7 C D♯dim C G7 C
たべちゃった たべちゃった たべちゃった

PART3 季節のうた
夏（6・7・8月）

夏

南の島のハメハメハ大王

作詞：伊藤アキラ　作曲：森田公一

～2歳　3歳　**4歳**　**5歳**

みんなでかんむりをかぶったり、レイを首にかけたりして、大王や女王になりきって歌ってみましょう。簡単なフラダンス風の振付をしても。

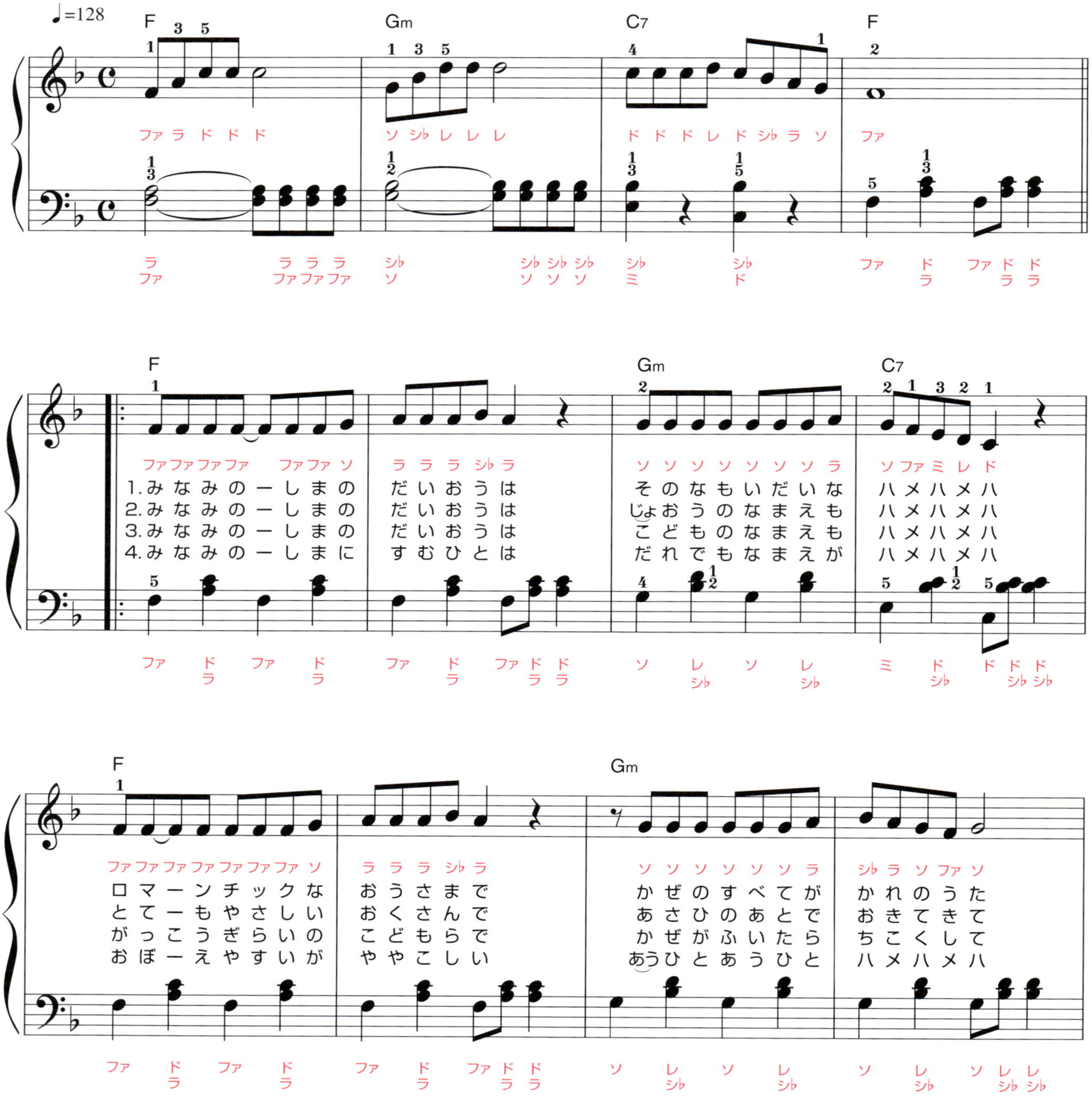
♩=128
F　Gm　C7　F
ファ ラ ド ド ド　ソ シ♭ レ レ レ　ド ド ド レ ド シ♭ ラ ソ　ファ
ラ ラ ラ ラ　シ♭ シ♭ シ♭ シ♭　シ♭ シ♭　ファ ド ファ ド ド
ファ ファ ファ ファ　ソ ソ ソ ソ　ミ ド　ラ ラ ラ
F　Gm　C7
ファ ファ ファ ファ ファ ファ ソ　ラ ラ ラ シ♭ ラ　ソ ソ ソ ソ ソ ソ ソ ラ　ソ ファ ミ レ ド
1.みなみのーしまの　だいおうは　そのなもいだいな　ハメハメハ
2.みなみのーしまの　だいおうは　じょおうのなまえも　ハメハメハ
3.みなみのーしまの　だいおうは　こどものなまえも　ハメハメハ
4.みなみのーしまに　すむひとは　だれでもなまえが　ハメハメハ
ファ ド ファ ド　ファ ド ファ ド ド　ソ レ ソ レ　ミ ド ド ド ド
ラ ラ　ラ ラ ラ　シ♭ シ♭　シ♭ シ♭ シ♭
F　Gm
ファ ファ ファ ファ ファ ファ ファ ソ　ラ ラ ラ シ♭ ラ　ソ ソ ソ ソ ソ ソ ラ　シ♭ ラ ソ ファ ソ
ロマーンチックな　おうさまで　かぜのすべてが　かれのうた
とてーもやさしい　おくさんで　あさひのあとで　おきてきて
がっこうぎらいの　こどもらで　かぜがふいたら　ちこくして
おぼーえやすいが　ややこしい　あうひとあうひと　ハメハメハ
ファ ド ファ ド　ファ ド ファ ド ド　ソ レ ソ レ　ソ レ ソ レ レ
ラ ラ　ラ ラ ラ　シ♭ シ♭　シ♭ シ♭ シ♭

C7 F Gm
ド ド ド ド ド ド ド ド ド ミ ミ ファ ファ ラ ド ド ド ソ シ♭ レ レ レ
ほしのすべてが かれのゆめ
ゆうひのまえに ねてしまう
あめがふったら おやすみで
だれでもだれでも ハメハメハ
ハメハメハ ハメハメハ
ミ ド ド ド シ♭ ラ ラ ラ ラ ラ シ♭ シ♭ シ♭ シ♭
シ♭ シ♭ ド ファ ファ ファ ファ ファ ソ ソ ソ ソ
1.2.3. 4.
C7 F C7 F
ド ド ド レ ド シ♭ ラ ソ ファ ド ド ド レ ド シ♭ ラ ソ ファ
ハメハメハメハメ ハ ハメハメハメハメ ハ
シ♭ シ♭ ファ ド ファ ド ド シ♭ シ♭ ファ ド ファ ド ド
ミ ド ラ ラ ラ ミ ド ラ ラ ラ
F Gm C7
ファ ラ ド ド ド ソ シ♭ レ レ レ ド ド ド レ ド シ♭ ラ ソ
ハメハメハ ハメハメハ ハメハメハメハメ
ラ ラ ラ ラ シ♭ シ♭ シ♭ シ♭ シ♭ シ♭
ファ ファ ファ ファ ソ ソ ソ ソ ミ ド
F
ファ
ハ ー ー ー
ファ ド ファ ド ド ファ ド ファ ド ド ファ ド ファ ド ド ファ ファ
ラ ラ ラ ラ ラ ラ ラ ラ ラ

秋　〈作曲者オリジナルの簡易ピアノ伴奏版〉

とんぼのめがね

作詞：額賀誠志　作曲：平井康三郎

～2歳　3歳　4歳　5歳

とんぼの大きな目玉を「めがね」に見立てた詞です。色セロファンでめがねを作って、日常の景色を違った色で見て遊んでみても。

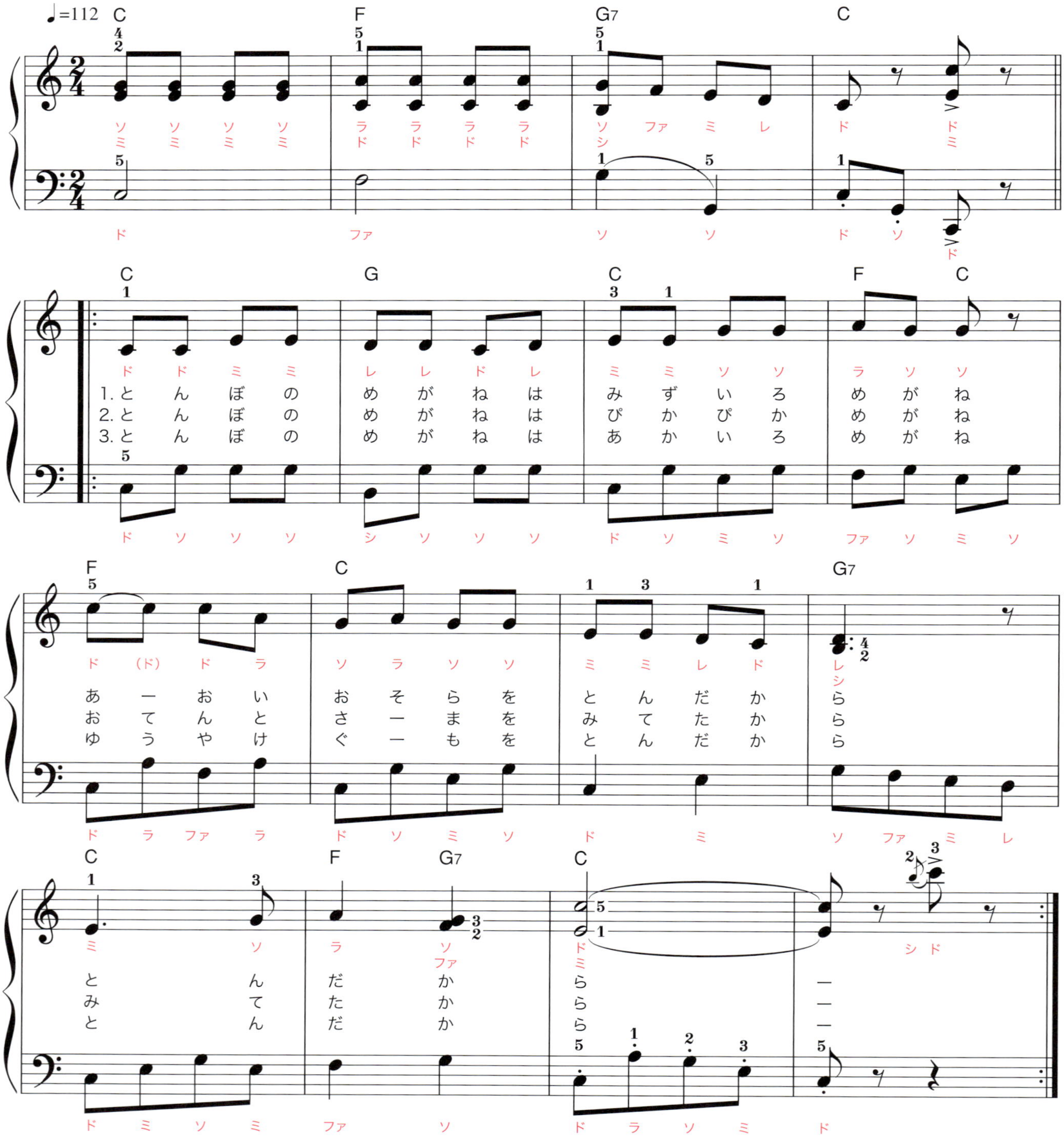

♩=112
C　F　G7　C
C　G　C　F　C
1. とんぼの　めがねは　みずいろ　めがね
2. とんぼの　めがねは　ぴかぴか　めがね
3. とんぼの　めがねは　あかいろ　めがね
F　C　G7
あーおい　おそらを　とんだか　ら
おてんと　さーまを　みてたか　ら
ゆうやけ　ぐーもを　とんだか　ら
C　F　G7　C
とん　だか　ら　—
みて　たか　ら　—
とん　だか　ら　—

秋

大きな栗の木の下で

訳詞：不詳　作詞・作曲：イギリス民謡

～2歳　3歳　4歳　5歳

慣れたら、「大きな栗の木」を「小さな栗の木」にしてテンポや音量を変えたり、「柳の木」などに替えて表現してもよいでしょう。

秋

きのこ

作詞：まど・みちお　作曲：くらかけ昭二

～2歳　3歳　**4歳**　**5歳**

しいたけ、しめじ、えのきだけ…と、いろいろなきのこがあることを伝えましょう。歌のきのこはどんなきのこなのか、絵を描いても楽しいでしょう。

C7 F Dm7 Gm
ド ド レ ミ ファ ラ ファ ファ ファ ミ レ レ シ♭ ソ ソ
し な い け ど ぎ ん の あ め あ め ふっ た ら
だ さ な い が ぎ ん の あ め あ め ふっ た ら
ド シ♭ ソ ファ ミ レ ド ファ ド ラ ド レ ド ラ ファ ソ レ シ♭ レ
F Dm7 C
ラ ラ ファ ファ ファ ミ レ レ レ♭ ド レ ド ミ♭ ド ミ ド
ば せ い が の び て く る る る る る る る る
ば か さ が お お き く な る な る な る な る
ファ ド ラ ド ファ ド ラ ド レ ド ラ ド ソ ド
C7 F Gm
レ ミ ファ ソ ラ シ♭ ファ ファ ド ド ラ ラ ファ ファ ソ ソ レ レ
い き て る い き て る い き て る
い き て る い き て る い き て る
シ♭ ド シ♭ ド シ♭ ド ファ ラ ファ ラ ファ ラ ファ ラ ソ シ♭ ソ シ♭
Gm F C F
シ♭ シ♭ ソ ソ ラ ソ ファ ラ ソ ソ ド ド レ ミ ファ
い き て る き の こ は い き て る ん だ ね
い き て る き の こ は い き て る ん だ ね
ソ シ♭ ソ シ♭ ファ ド ラ ド ファ ド ラ ド ド ド ラ ファ

秋

小ぎつね

訳詞：勝 承夫　作詞・作曲：ドイツ民謡

〜2歳　3歳　4歳　5歳　♪原曲：ニ長調

こぎつねが草の実をつぶしてお化粧している様子や、小首をかしげている様子を、保育者が絵に描いて見せてあげましょう。

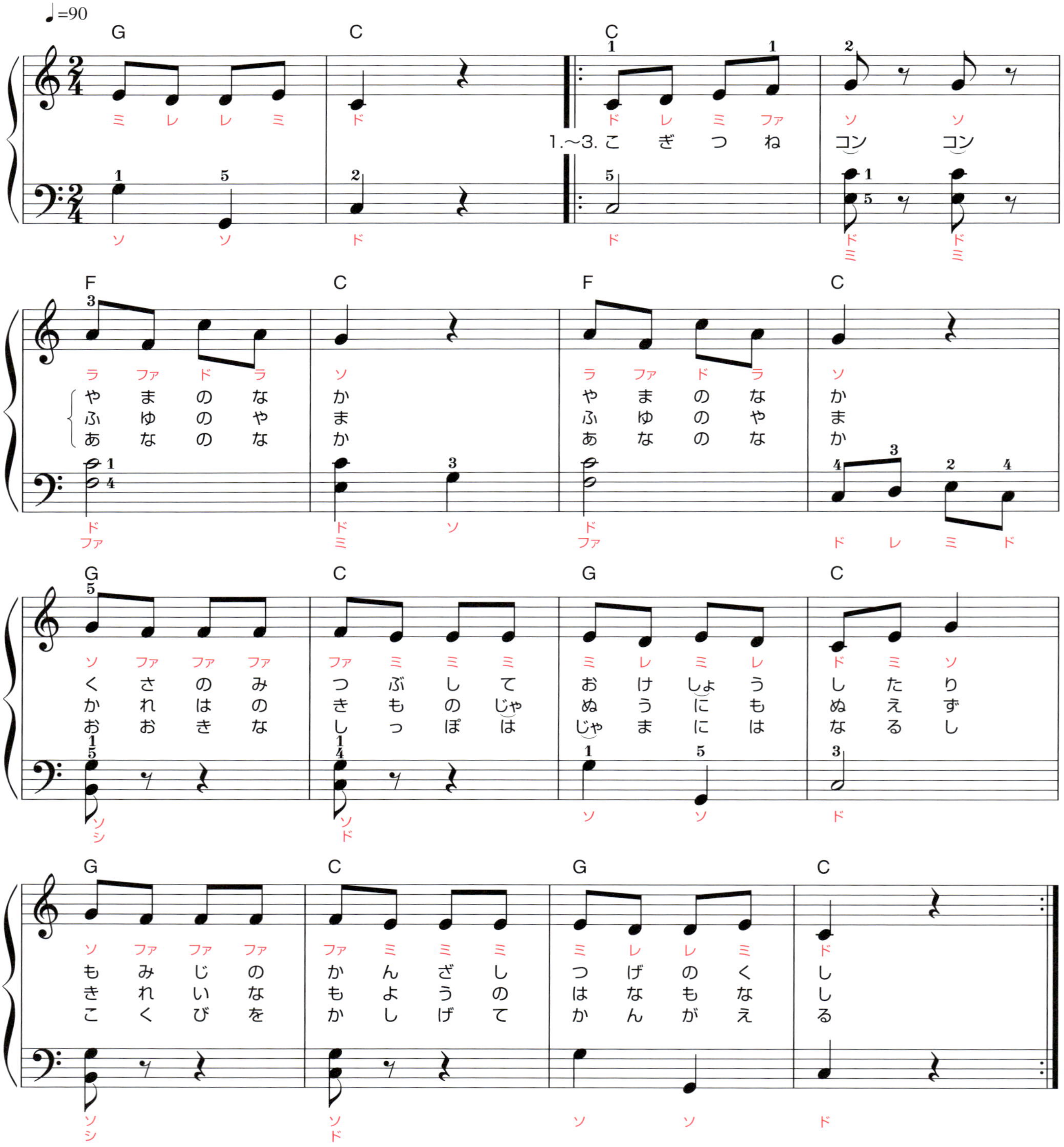

♩=90
G C C
1.〜3. こぎつね コンコン
F C F C
やまのなか やまのなか
ふゆのやま かれはのきもの
あなのなか おおきなしっぽは
G C G C
くさのみ つぶして おけしょうしたり
かれはの きものじゃ ぬうにもぬえず
おおきな しっぽは じゃまにはなるし
G C G C
もみじの かんざし つげのくし
きれいな もようの はなもない
こくびを かしげて かんがえる

秋

どんぐりころころ

作詞：青木存義　作曲：梁田 貞

～2歳　3歳　4歳　5歳

どんぐりやどじょうになりきって歌ってみましょう。「どんぶりこ」は「どんぐりこ」と間違えやすいので注意。

♩=60
C　F　C　Dm　G　C　C　G
ソ　ミ　ラ　ソ　ソ　ラ　ラ　シ　シ　ド ミ　ソ　ミ　ミ　ファ　ミ　レ　ド　ソ　ミ　ミ　レ
1.どんぐりころころ　どんぶりこ
2.どんぐりころころ　よろこんで
ソ ド　ファ　ミ　レ　ソ　ド　ド　ソ　ド　ソ
C　F　C　G　C
ミ　ミ　ソ　ソ　ラ　ラ　ラ　ド　ミ　ミ　ソ　ソ　ソ　ミ　ミ　ファ　ミ　レ　ド
おいけにはまって　さあたいへん　どじょうがでてきて
しばらくいっしょに　あそんだが　やっぱりおやまが
ド　ファ　ド　ソ　シ　ド　ソ
C　G　C　F　C　Dm　G　C
ソ　ミ　ミ　レ　ソ　ミ　ラ　ソ　ソ　ラ　ラ　シ　シ　ド
こんにちは　ぼっちゃんいっしょに　あそびましょう
こいしいと　ないてはどじょうを　こまらせた
ド　ソ　ソ ド　ファ　ミ　レ　ソ　ド

あそびのアイディア

みんなでどんぐりを拾ってきて、転がしてみましょう。まず、長机のうえにタオルのような毛足のある布をかけます。机の片側を20cmくらい持ち上げて長い坂を作り、どんぐりを坂の上から転がしましょう。どれが一番速いかな？　どんぐりはどんなふうに「ころころ」転がるのかな？

秋

やきいもグーチーパー

作詞：阪田寛夫　作曲：山本直純

〜2歳　3歳　4歳　5歳

うたに合わせてグーチョキパーと手を出してみましょう。慣れてきたら、足でグーチョキパー。さらに手と足一緒でもできるかな？

こおろぎ

作詞：関根栄一　作曲：芥川也寸志

～2歳　3歳　4歳　5歳　♪原曲：変ホ長調

「やさしい声はどんな感じ？」「かわいい声は？」と歌いかたを話し合って工夫すると、もっと楽しくなります。

♩=70
C F G7 C
ソソソソド ファファファファラ ソ ソミレ ド ドミ
1.こ おろ ぎ ちろちろりん こ おろ ぎ ころころりん
2.に いさ ん ちろちろりん お とう と ころころりん
3.や さし い ちろちろりん か わい い ころころりん
ちろちろりん ころころりん く さの な か
ちろちろりん ころころりん う たい ま す
ちろちろりん ころころりん く さの な か

ワンポイントアドバイス

「ソソソソド」「ファファファファラ」など同音を連打するメロディーなので、幼児の鍵盤ハーモニカや木琴の演奏曲として適しています。トライアングルやハンドベルなども加えて合奏してみましょう。

秋

虫のこえ

文部省唱歌

～2歳　3歳　4歳　5歳　♪原曲：二長調

「チンチロ～」と鳴く虫な～んだ？「リーンリーン」は？　と、虫の名前や鳴き声クイズをしてから曲に入ってみて。

PART3 季節のうた
秋（9・10・11月）

秋

ちいさい秋みつけた

作詞：サトウハチロー　作曲：中田喜直

〜2歳　3歳　**4歳**　**5歳**

「だれかさんが」「ちいさいあき」を３回繰り返すところが特徴。３回目の言葉を大切に歌うと、曲全体に表情がつきます。

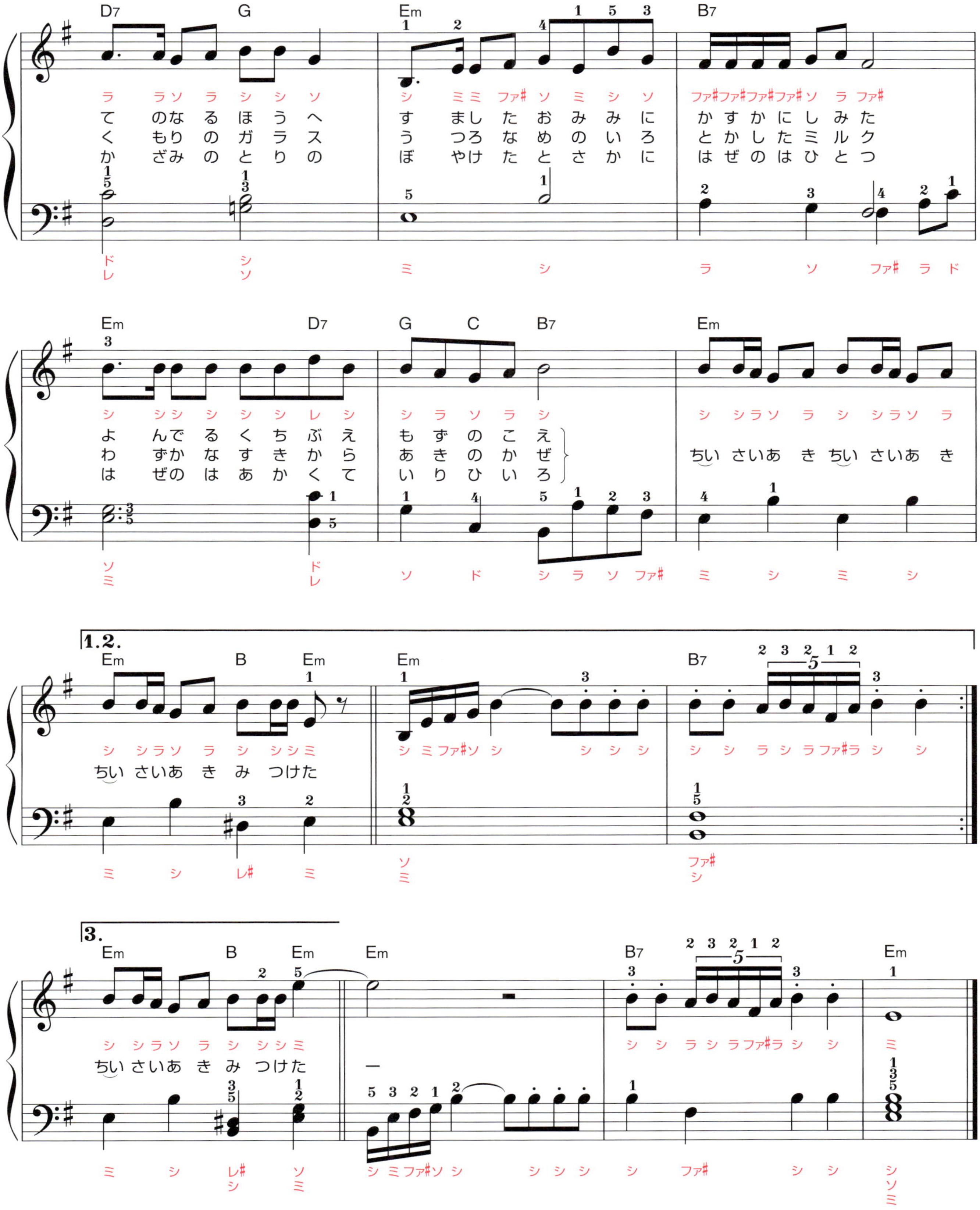

D7 G Em B7
てのなるほうへ すましたおみみに かすかにしみた
くもりのガラスへ うつろなめのいろ とかしたミルク
かざみのとりの ぼやけたとさかに はぜのはひとつ
Em D7 G C B7 Em
よんでるくちぶえ もずのこえ
わずかなすきから あきのかぜ
はぜのはあかくて いりひいろ
ちいさいあき ちいさいあき
1.2.
Em B Em Em B7
ちいさいあき みつけた
3.
Em B Em Em B7 Em
ちいさいあき みつけた ー

秋

松ぼっくり

作詞：広田孝夫　作曲：小林つや江

～2歳　3歳　4歳　5歳

ゆっくりと話しかけるように歌いましょう。そのあとで、まつぼっくりの人形やクリスマスリース、お正月の飾りを作っても。

村祭

文部省唱歌

～2歳　3歳　4歳　5歳

豊年のお礼、自然への感謝の気持ちを歌います。「ドンドンヒャララ…」の部分を、手作り楽器で合奏しても。

♩=85
F C F F Gm F C C7 F Gm F C F
1.むらのちんじゅのかみさまのきょうはめでたいおまつりび
2.としもほうねんまんさくでむらはそうでのおおまつり
ドンドンヒャララ ドンヒャララ ドンドンヒャララ ドンヒャララ
あさからきこえるふえたいこ
よるまでにぎわうみやのもり

まっかな秋

作詞：薩摩 忠　作曲：小林秀雄　編曲：安藤ひろこ

～2歳　3歳　4歳　5歳

後半部分をゆったりとなめらかに歌うと、より歌詞の情景を表現できます。紅葉した「もみじ」の赤い葉を見せてあげましょう。

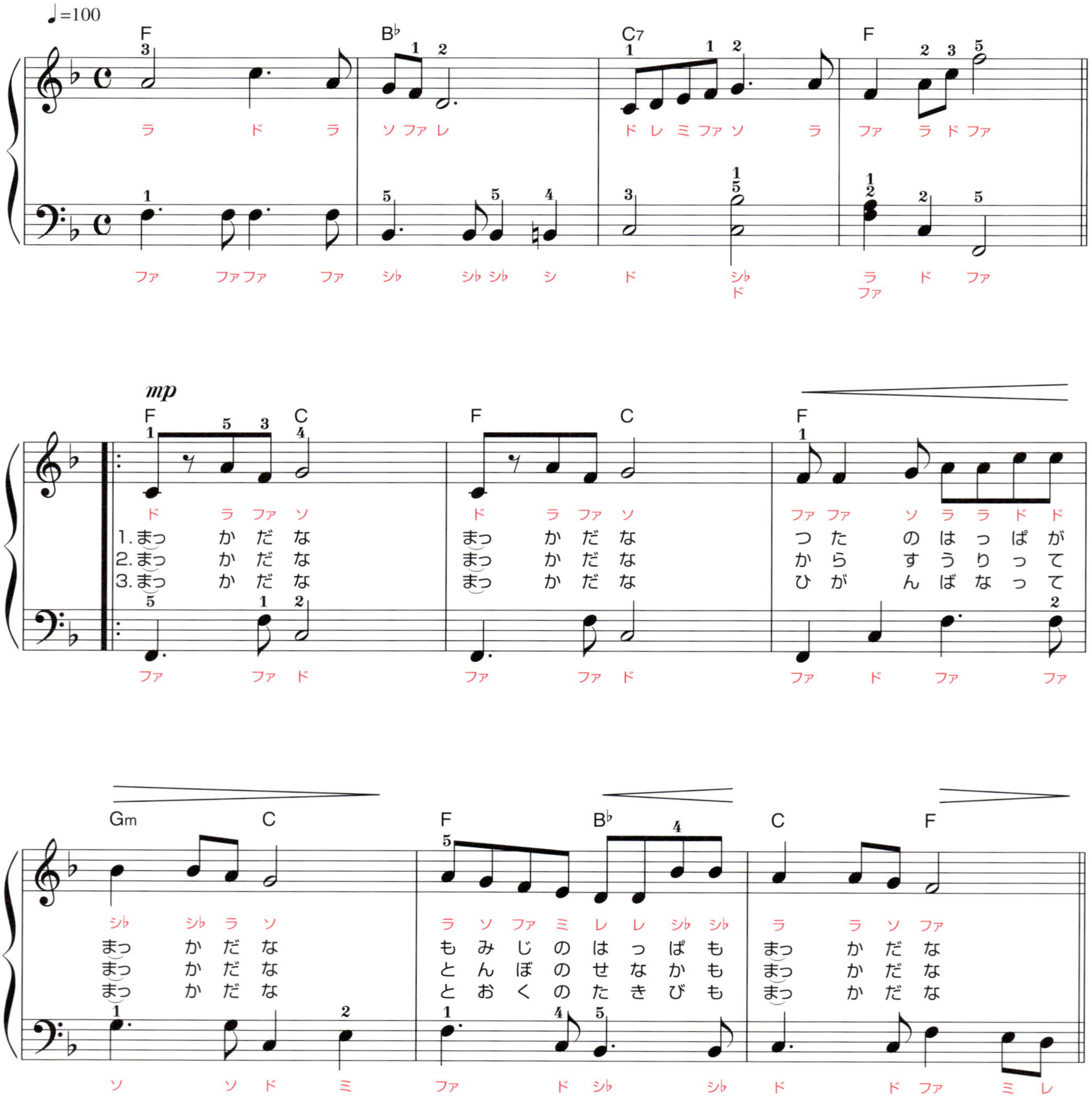

mf
C F
ミ ファ ミ ファ ソ ソ ド ファ ソ ファ ソ
しーずむゆうーひにてーらされ
ゆーうやけぐーもをゆーびさし
おーみやのとりいをくーぐりぬ
ド ミ ソ ド ミ ソ ミ ド ファ ラ
mf
F D Gm
ラ ラ レ ド シ♭ シ♭ ラ ソ
てまっかなほっぺたの
てまっかなほっぺたの
けまっかなほっぺたの
ド ファ ラ ソ ファ ラ ソ シ♭
mf
B♭ Bm7(♭5) C F
レ ミ ファ ラ ソ ラ ド ラ
きーみとぼくまっかな
きーみとぼくまっかな
きーみとぼくまっかな
ファ シ♭ ファ シ ド レ ミ ド ファ ファ ファ ファ
B♭ C7 F
ソ ファ レ ド レ ミ ファ ソ ラ ファ
あきにかこまれている
あきによびかけている
あきをたずねてまわる
シ♭ シ♭ シ♭ シ ド シ♭ ド ラ ファ ド ファ

秋

紅葉《もみじ》

文部省唱歌　作詞：髙野辰之　作曲：岡野貞一

～2歳　3歳　4歳　5歳

よく知られている曲なので、慣れてきたら、保育者と子どもで、または親子で、輪唱にチャレンジしてみましょう。

♩=92
F　B♭　F　C7
ド　レ　ド　ラ　ソ　ファ　ド　ファ　ミ　ファ　ラ　ソ
ファ　ラ　ド　シ♭　レ　ラ　シ♭　ラ ド　シ♭ ド
F　F　C　Dm　C
ファ　ラ　ソ　ファ　ソ　ラ　ファ　ド
1. あ　き　の　ゆ　う　ひ　に
2. た　に　の　な　が　れ　に
ラ ファ　ド　ファ　ファ　ド　ミ　ド　レ　ラ　ド　ソ
F　C　F　C　F　C
ファ　ミ　ファ　ソ　ド　ラ　ソ　ファ　ソ　ラ　ソ　ファ　ソ　ラ
て　る　ー　や　ま　も　み　ー　じ　こ　い　も　う　す
ち　り　ー　う　く　も　み　ー　じ　な　み　に　ゆ　ら
ラ　ド　ミ　ド　ファ　ド　ド ミ　レ　ミ　ファ　ド　ミ　ド

あそびのアイディア

秋の葉っぱで押し葉作り

歌ったあと、みんなで紅葉した木の葉を探しに戸外へ出てみましょう。もみじやいちょうなど、赤や黄色に染まった葉を持ち帰ったら、古新聞の間に挟み、その上に重い本などを乗せて重しをします。2～3日経ったら新聞紙を取り替え、さらに4～5日おくと、きれいな押し葉ができあがります。台紙に貼って飾ったり、誕生日カードにしてプレゼントしても楽しいですね。

Dm C F C F C F
いも かずーあ る なかに
れて はなーれ て よっ て
F C
まつをいろ どる かえーで やー つたは
あかやきい ろの いろーさ まー ざまに
F B♭ F C7 F
やまのふも との すそーも よ う
みずのうえ にも おるーに し き

もみじ

絵本唱歌　作詞：古村徹三、日本教育音楽協会　作曲：日本教育音楽協会

〜2歳　3歳　4歳　5歳　♪原曲：ニ長調

赤や黄色の絵の具を手のひらに塗ってかわいい手形押しの絵を作り、もみじの葉が手の形に似ていることに気づかせましょう。

秋

たぬきのたぬきうた

作詞：佐倉智子　作曲：おざわたつゆき

～2歳　3歳　**4歳**　**5歳**　♪原曲：ハ短調

1回目は普通に歌い、2回目は歌詞の「た」の字を抜いて歌いましょう。思わず「た」が出てきてしまうあそびうた。

あそびのアイディア

曲中の「た」を抜くと、次のようになります。テンポを速くしても「た」抜きで歌えるかな？

ぽんぽこやまの□ぬきさん
□いこを　□□いて　ポンポコポン
おなかの　□いこを　ポンポコポン
□□いて　□□いて　ポンポコポン

秋

山の音楽家

訳詞：水田詩仙　作詞・作曲：ドイツ民謡

〜2歳　3歳　4歳　5歳

たぬきの歌詞は「ポコポンポコポン」ですが、
昭和３９年『ＮＨＫみんなのうた』で「ポコポンポンポン」と歌われ、
それが現在も広まっています。

♩=92
G D7 G D7
1. わ
たしゃおんがくかやまのこりすじょうずにバ
たしゃおんがくかやまのうさぎじょうずにピ
たしゃおんがくかやまのことりじょうずにフ
たしゃおんがくかやまのたぬきじょうずにた
たちゃおんがくかやまのなかまじょうずにそ

あそびのアイディア

声で合奏してみましょう

りす（バイオリン）、うさぎ（ピアノ）、ことり（フルート）、たぬき（たいこ）のグループに分かれて歌ってみましょう。5番は全員で歌い、「タタタン タン タン」は4グループが同時に自分の楽器の音を歌います。

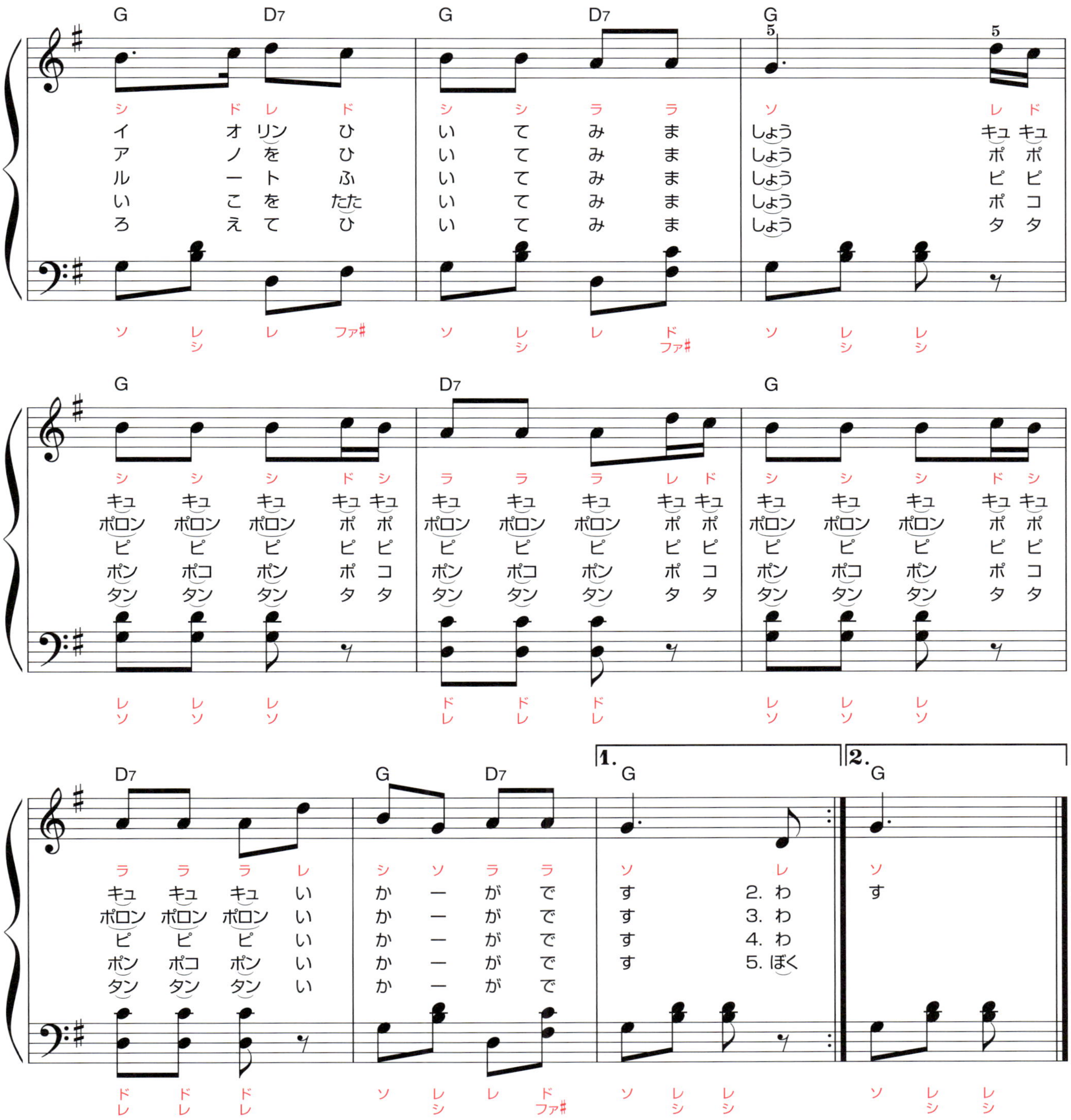
G D7 G D7 G
シ ド レ ド シ シ ラ ラ ソ レ ド
イ オ リン ひ い て み ま しょう キュ キュ
ア ノ を ひ い て み ま しょう ポ ポ
ル ー ト を ふ い て み ま しょう ピ ピ
い こ を たた い て み ま しょう ポ コ
ろ え て ひ い て み ま しょう タ タ
ソ レ シ レ ファ# ソ レ シ レ ド ファ# ソ レ シ レ シ
G D7 G
シ シ シ ド シ ラ ラ ラ レ ド シ シ シ ド シ
キュ キュ キュ キュ キュ キュ キュ キュ キュ キュ キュ キュ キュ キュ キュ
ポロン ポロン ポロン ポ ポ ポロン ポロン ポロン ポ ポ ポロン ポロン ポロン ポ ポ
ピ ピ ピ ピ ピ ピ ピ ピ ピ ピ ピ ピ ピ ピ ピ
ポン ポコ ポン ポ コ ポン ポコ ポン ポ コ ポン ポコ ポン ポ コ
タン タン タン タ タ タン タン タン タ タ タン タン タン タ タ
レ ソ レ ソ レ ソ ド レ ド レ ド レ レ ソ レ ソ レ ソ
D7 G D7 1. G 2. G
ラ ラ ラ レ シ ソ ラ ラ ソ レ ソ
キュ キュ キュ い か ー が で す 2. わ す
ポロン ポロン ポロン い か ー が で す 3. わ
ピ ピ ピ い か ー が で す 4. わ
ポン ポコ ポン い か ー が で す 5. ぼく
タン タン タン い か ー が で
ド レ ド レ ド レ ソ レ シ レ ド ファ# ソ レ シ レ シ ソ レ シ レ シ

冬

北風小僧の寒太郎

作詞：井出隆夫　作曲：福田和禾子

～2歳　3歳　4歳　5歳　♪原曲：ヘ長調

「～ござんす」という台詞の部分と、「ヒューンヒューン」などの風の音に、表情をつけて歌いましょう。

F♯m
やってきた ー ヒュ
ひとりたび ー ヒュ
ないている ー ヒュ
G
ー ンヒュ
ー ンヒュ
ー ンヒュ
G
ーン ヒュ ルル ン ルン ルン ルン ー
ーン ヒュ ルル ン ルン ルン ルン ー
ーン ヒュ ルル ン ルン ルン ルン ー
F♯m G A
ふゆで ー ござんーす
さむう ー ござんーす
ゆきで ー ござんーす
ヒュ ルル ルル ル
D
ルン
1.2.
ー 2.3.きた
3.
D
ー

冬

たき火

作詞：巽 聖歌　作曲：渡辺 茂

～2歳　3歳　4歳　5歳

2人1組になり、1人が「あたろうか」と弱く（*p*）歌い、次にもう1人が「あたろうよ」とやや強く（*mf*）で歌ってみましょう。

♩=80
1. かきねの かきねの まがりかど たきびだ たきびだ おちばたき あたろうか あたろうよ きたかぜ ぴいぷう ふいている
2. さざんか さざんか さいたみち たきびだ たきびだ おちばたき あたろうか あたろうよ しもやけ おててが もうかゆい
3. こがらし こがらし さむいみち たきびだ たきびだ おちばたき あたろうか あたろうよ そうだん しながら あるいてく

冬

やさいがハックション

作詞・作曲：阿部直美

～2歳　3歳　4歳　5歳

野菜が風邪をひいたら、どんなくしゃみをするのかな？「ハックション」「ジーンジン」などに、自由な振りをつけてユーモラスに表現してみましょう。

冬

こんこんクシャンのうた

作詞：香山美子　作曲：湯山 昭

〜2歳　3歳　4歳　5歳

小さいマスク、細いマスクなどを手で表現してみましょう。カバさんとゾウさんは、ゆっくり、たっぷりと歌います。

♩=104
F　F　F　C7　F
ファ レ ド レ　ファ レ ド レ　ファ レ ド レ　ファ
1.りすさんが
2.つるさんが
3.ぶうちゃんが
4.かばさんが
5.ぞうさんが
ラ ファ　ラ ファ　ファ　レ ド
ファ レ ド レ　ファ　ミ ファ ソ ド　ファ ソ ラ ド
マスクした　ちいさい　ちいさい
マスクした　ほーそい　ほーそい
マスクした　まあるい　まあるい
マスクした　おおきい　おおきい
マスクした　なーがい　なーがい
ファ　レ レ♭　ド ド　ド ファ

あそびのアイディア

当てっこクイズで遊ぼう

黒板にいろいろなマスクの絵を描きながら、「風邪をひいたので、マスクを買いにいきました。あわてて入った薬屋さんは、動物の薬屋さんだったの。だから、見たこともないこんな長～いマスクやまんまるいマスク、それからちっちゃーいマスク。めずらしい形のものばかり。いったいこのマスクは誰が使うのかな？　みんなはわかる？」と、当てっこクイズをしてみましょう。

冬

雪

文部省唱歌

～2歳 3歳 4歳 5歳 ♪原曲：ヘ長調

「雪やこんこ」は「こんこん」と間違えやすいので注意。雪が積もって綿帽子のように見える様子を、写真集などで見せて。

♩=100
1. ゆーきや こんこ あられや こんこ ふっては ふっては ずんずん つもる やーまも のはらも わたぼうし かぶり かれきのこらず はながさく
2. ゆーきや こんこ あられや こんこ ふっても ふっても まだふり やまぬ いーぬは よろこび にわかけ まわり ねこは こたつで まるくなる

ゆきのぺんきやさん

作詞：則武昭彦　作曲：安藤 孝

～2歳　3歳　4歳　5歳

「おやねも かきねも ごもんもみんな」は少し小さい声で歌い始め、次第に大きくしていくとよいでしょう。

♩=84
1.ゆ き の ぺん き や さん は お そ ら か ら ち ら ち ら ら
2.ゆ き の ぺん き や さん は お お ぜ い で ち ら ち ら ら
お や ね も か き ね も ご も ん も み ん な
お や ね も の は ら も は た け も み ん な
まっ し ろ く まっ し ろ く そ め に く る
まっ し ろ く まっ し ろ く そ め に く る

冬

しずかなよるに

作詞・作曲：阿部直美

〜2歳　3歳　4歳　5歳

リスちゃんたちのマフラーはどんなマフラーかな？　短いマフラー、長〜いマフラーなど、両手で大きさを表しながら歌って。

冬

お正月

作詞：東 くめ　作曲：滝 廉太郎

～2歳　3歳　4歳　5歳

年中～年長児は、今日からあといくつ寝たら１月１日になるかを数え、歌詞に折り込んで歌ってみましょう。

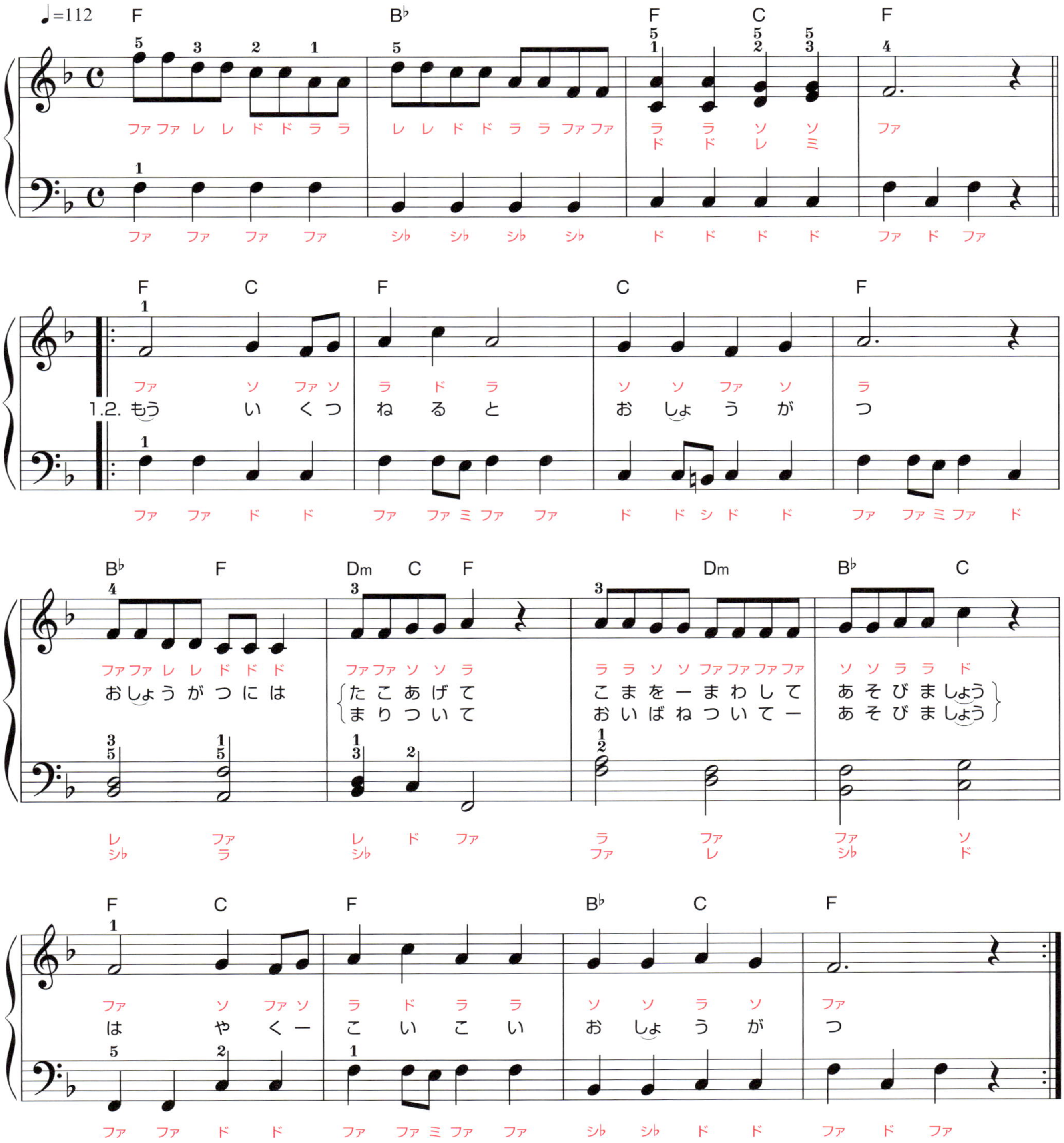

冬

カレンダーマーチ

作詞：井出隆夫　作曲：福田和禾子

～2歳　3歳　**4歳**　**5歳**　♪原曲：ニ長調

12か月がわかるカレンダーを見て、「○月にはこんなことをしたね」などと話し合ってから、歌ってみましょう。

♩=130
C　A♭　Dm　G7　C
C　Dm
1. い　ちが　つい　っぱ　い　ゆ　きよ　ふれ　に　がつ　のに　わに　は
2. ご　がつ　だご　らん　よ　こ　いの　ぼり　ろ　くが　つろ　うか　に
3. く　がつ　にく　りの　み　も　うあ　きだ　じゅ　うが　つじゅ　うご　や
Dm　C
ふ　くじゅ　そう　さ　んが　つさ　むさ　に　さ　よう　なら
てる　てるぼ　うず　し　ちが　つし　よう　よ　み　ずあ　そび
お　つき　さま　じゅう　いち　がつじゅ　んび　だ　ふ　ゆが　くる

あそびのアイディア

大きな思い出カレンダー

春・夏・秋・冬、楽しいことがたくさんありました。「春は遠足に行って菜の花を見たよ」「夏はキャンプに行って、川で遊んだね」など、子どもたちの思い出を集めて、壁いっぱいに1年間の大きなカレンダーを作って飾りましょう。カレンダーの余白部分に、なつかしい写真や、遠足に行った場所のパンフレットの切り抜き、拾ってきたドングリの実などを貼ります。そうして1年を振り返りながら、『カレンダーマーチ』を歌ってみましょう。

Dm G C
しがつにしょうがくいちねんせい
はちがつハアハアあああつい
じゅうにがつジングルベルクリスマス
カレン カレン カ
C Dm G
レンダーマーチ いちねんたったら またおーい
1.2. C
で
3. C G7 C
で

冬

たこの歌

文部省唱歌

～2歳 3歳 4歳 5歳 ♪原曲：ヘ長調

1人が凧、もう1人が凧上げする人になり、はなれて立ちます。歌いながら、上げ手が糸を前後左右に引っぱるふりをし、凧はそれに合わせて動いてみましょう。

♩=112
F C G C C
1. た こ ー
2. え だ ー
3. あ れ ー
C C F C F C
た こ ー あ が れ か ぜ よ く
こ に ー じ だ こ ど ち ら も
あ れ ー さ が る ひ け ひ け
C G C C F
う け て く も ー ま で ー あ が
ま け ず く も ー ま で ー あ が
い と を あ れ ー あ れ ー あ が
C F C G C
れ て ん ま で あ が れ
れ て ん ま で あ が れ
る は な す な い と を

冬

いとまき

訳詞：不詳　作詞・作曲：デンマーク民謡

〜2歳　3歳　4歳　5歳

原曲は、靴を作るための糸をまくうたですが、毛糸をまいてマフラーを作るなど、替えうたで遊んでみましょう。

冬

もちつき

作詞：天野 蝶　作曲：一宮道子

～2歳　3歳　4歳　5歳

２人組になり、１人がきねでもちをつくしぐさを、もう１人が「それ」でもちをこねるしぐさをしながら歌っても楽しいでしょう。

冬

ゆげのあさ

作詞：まど・みちお　作曲：宇賀神光利

〜2歳　3歳　4歳　5歳　♪原曲：ニ長調

寒い日には本当に汽車ぽっぽみたいに息が白く見えるかな？　実際に息をはいたり窓ガラスにふきかけたりして、白い息を見て楽しみましょう。

♩=108
C　F　C　Dm　Dm　G　C　F　C　G　C　Dm　G7　1.2.　C　3.　C
ド シ シ　シ ラ ラ　シ ラ ラ　ラ ソ ソ
ド ド ド　ド ド ド　ド ド ド　ド ド ド
ミ ソ ソ　ミ ソ ソ　ラ ソ ソ ラ　ミ　レ レ レ ミ
1. お は よう　お は よう　ゆ げ が で　る　は な か ら
2. こ ど も も　お と な も　ほ ら い ぬ　も　は な か ら
3. お は よう　お は よう　みん な お い　で　は な か ら
ド ド ド　ド ド ド　ド ド ド　ド ド ド　レ ラ ラ
ファ ファ ファ ミ　レ ラ ソ　ド ラ ソ　ラ シ ド ソ
く ち か ら　ぽっ ぽっ ぽ　ぽっ ぽっ ぽ　き しゃ ぽっ ぽ
く ち か ら　ぽっ ぽっ ぽ　ぽっ ぽっ ぽ　き しゃ ぽっ ぽ
く ち か ら　ぽっ ぽっ ぽ　ぽっ ぽっ ぽ　き しゃ ぽっ ぽ
レ ラ ラ　レ ソ シ　ミ ソ ド　ファ ミ
ミ ファ ソ ド　レ レ レ ソ　ド　ド
み た い で　ゆ か い だ　な　よ
み た い で　ゆ か い だ　な
しゅっ ぽっ ぽ で　あ そ ぼ う
レ ミ　ファ　ミ ラ ソ　ミ ラ ソ　ド

冬

ペンギンちゃん

作詞：まど・みちお　作曲：中田喜直

～2歳　3歳　4歳　5歳

ペンギンのような白と黒の衣装に、ぼうし、ステッキを持って、歌いながら舞台をひとまわりするだけでも、年少児向きの発表会の出し物になります。

PART 4

オールシーズン歌える!

定番・人気のうた

古くからあるうたから、現代の子どもに人気のうたまで、
子どもたちが大好きなうたを集めました。
レパートリーに加えて、楽しく指導しましょう。

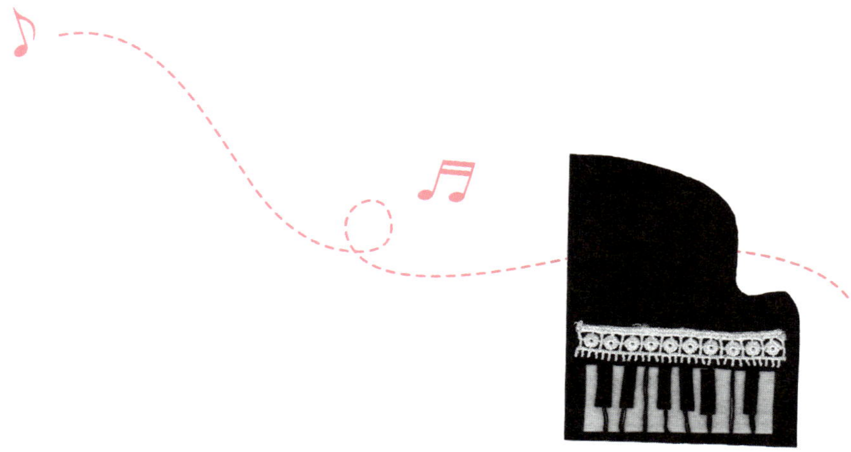

ぞうさん

作詞：まど・みちお　作曲：團 伊玖磨

〜2歳　3歳　4歳　5歳

１番は大好きなかあさんを自慢するように大きく、２番は内緒話をするように小さく、と歌い分けてみても。

大きなたいこ

作詞：小林純一　作曲：中田喜直

～2歳　3歳　4歳　5歳

「おおきなたいこ」のときは両手をグーにしてドーンドン、「ちいさなたいこ」のときは人さし指でトントントンと叩くしぐさをしましょう。

ふしぎなポケット

作詞：まど・みちお　作曲：渡辺 茂

～2歳　3歳　4歳　5歳

ポケットがついた服に、紙で作ったビスケットを入れ、それを取り出しながら歌ってみましょう。

♩=112
G
D7
G
G
1.ポ ケッ ト の な か に は
2.も ひ と つ た た く と
G
D7
ビス ケッ ト が ひ と つ ポ ケッ ト を
ビス ケッ ト は み っ つ た た い て
D7
G
た た く と ビス ケッ ト は ふ た つ
み る た び ビス ケッ ト は ふ え る

G
（ゆっくり）
ソ ソ シ
そ ん な
レ レ レ レ
ふ し ぎ な
ソ ソ ソ シ
ポ ケッ ト が
ソ シ レ ソ シ レ ソ シ レ
G
レ レ レ
ほ し い
Am
ド ド シ
そ ん な
ラ ラ ラ ソ
ふ し ぎ な
ソ シ レ ラ ド ミ ラ ド ミ
D7
ファ# ファ# ミ ファ#
ポ ケッ ト が
G
ソ ソ ソ
ほ し い
G
（もとの速さで）
シ ド レ ミ
ラ ド レ ソ ソ ソ レ レ
G
ファ# ソ ラ シ ド
D7
レ
G
ソ
シ
レ レ レ ソ

手をたたきましょう

訳詞：小林純一　作詞・作曲：不詳

～2歳　3歳　4歳　5歳

「アッハッハ」や「ウンウンウン」のところは、音程にとらわれず、大きく笑ったり怒ったりしてみましょう。

G7 Am C
ソ ソ ソ ラ ソ ミ ミ ミ ド ド ド
わ ら い ま しょう アッ ハッ ハッ アッ ハッ ハッ
お こ り ま しょう ウン ウン ウン ウン ウン ウン
な き ー ま しょう エン エン エン エン エン エン
ソ ファ ミ ド ド ド ミ ド ド
F G7 C
ラ ラ ラ ソ ファ ミ レ ド ド ド
アッ ハッ ハッ
ウン ウン ウン あ あ お も し ろ い
エン エン エン
ファ ファ ファ ソ ラ シ ド ソ ド

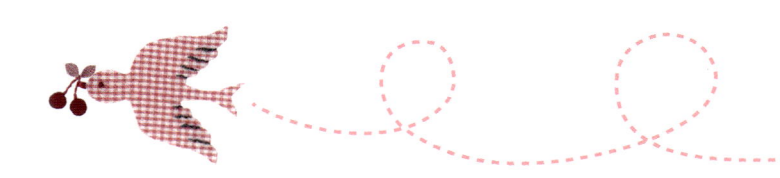

あそびのアイディア

「タンタンタン」でリズム遊び

歌いながら手をたたいたり、足踏みをしたり、笑い顔、泣き顔などの自由表現をする遊びうたです。リズムがとりやすいので、「タンタンタン…」の部分をハンドカスタネットで演奏してみましょう。はじめは右の①のリズムに合わせて、次に②のリズムに合わせてたたいてみましょう。楽器遊びの入門曲としても使いやすい曲です。

① タンタンタンのリズム

② 1拍ごとに休みながら

おうま

文部省唱歌　作詞：林 柳波　作曲：松島つね

～2歳　3歳　4歳　5歳

歌詞もメロディもやさしく、乳児でも歌いやすいうたです。近くにいる子どもにやさしく語りかけるように歌いましょう。

♩=112
1. おうまの　おやこは　なかよし　こよし　いつでも　いっしょに　ポックリ　ポックリ　あるく
2. おうまの　かあさん　やさしい　かあさん　こうまを　みながら　ポックリ　ポックリ　あるく

あそびのアイディア

おうまさんごっこ

保育者が前を向き、両手を後ろに伸ばし、こどもがその手を握っておうまの形を作ります。「おうまのおやこは なかよしこよし」のところは、歌いながらおうまになって自由に歩き、「こよし」の「し」で保育者は子どものほうを振り向いて笑いかけます。「いつでもいっしょに」は足踏みと拍手をしながら、保育者は子どもと向き合います。「ポックリポックリあるく」は両手をつないでその場で4回跳びます。

やぎさんゆうびん

作詞：まど・みちお　作曲：團 伊玖磨

〜2歳　3歳　4歳　5歳

白やぎさんと黒やぎさんのやりとりがユーモラスな作品。ペープサートなどを使っておもしろさを伝える工夫をしましょう。

線路は続くよどこまでも

訳詞：佐木 敏　作詞・作曲：アメリカ民謡

〜2歳　3歳　4歳　5歳

歌いながら自由な方向に歩き、曲の途中で「○人」とコールされたら、その人数でつながって歩くゲームも人気です。

あそびのアイディア

行進あそびをしてみよう

リズムのとりやすいマーチ風の曲なので、「ロンドン橋」のような行進あそびをしてみましょう。トンネル役Ａ・Ｂを決め、ＡとＢで両手をつないでトンネルを作ります。残りの子どもたちは、１列になって曲に合わせて行進しながら、このトンネルをくぐります。保育者が曲の途中で音楽を止めたらトンネル役はつないだ手を下げ、トンネルを通りかかった子を捕まえます。捕まった子がＡと役を代わり、Ｂと手をつないで次のトンネル役になります。

おんまはみんな

訳詞：中山知子　作詞・作曲：アメリカ民謡

～2歳　3歳　4歳　5歳

「ぱっぱか」は軽やかに歯切れよく、「どうしてなのか～」のところは、「ハテナ？」といった表情をつけて歌いましょう。

C Dm G C
ソ ソ ソ ラ ラ ソ ミ ミ ミ ファ ファ
どうしてなの か だれもしら
ド ド レ ソ ド ソ ソ ド ド ド ド
C G7 C G7 C Am
ミ ソ ソ ソ ド ド ド ド レ ミ ミ レ♯ ミ レ ド
ない だけど おんまはみんな ぱっぱかはしる
こぶたのしっぽ ちょんぼりちょろり
ド ド ド ド ソ ソ ファ ド ソ ラ ミ
G7 C G7
レ レ ド♯ レ ド シ ミ ミ レ♯ ミ レ ド ド ド ド ド レ
ぱっぱかはしる ぱっぱかはしる おんまはみんな
ちょんぼりちょろり ちょんぼりちょろり こぶたのしっぽ
ソ レ ソ レ ド ソ ド ソ ド ソ ソ ファ
C Am Dm G7 C
ミ ミ レ♯ ミ レ ド レ レ レ ミ レ ド
ぱっぱかはしる おもしろいね
ちょんぼりちょろり
ド ソ ラ ミ ファ レ レ ソ ド ソ ド

おなかのへるうた

作詞：阪田寛夫　作曲：大中 恩

～2歳　3歳　4歳　5歳　♪原曲：ニ長調

「どうして」を強調して歌います。最後は「おなかと背中が」のあとの休符を引き延ばして、ドキドキ感を強めても楽しいです。

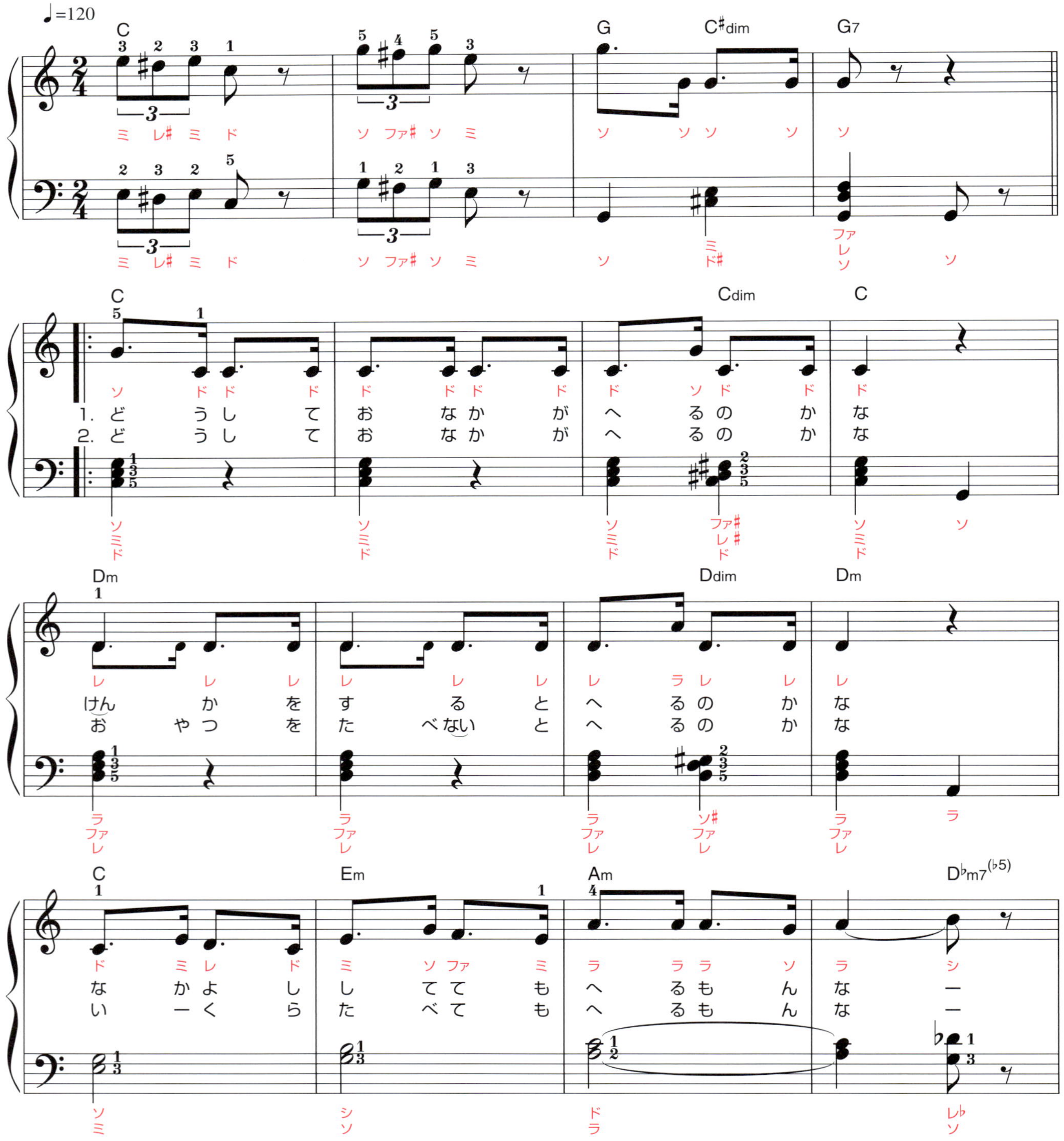

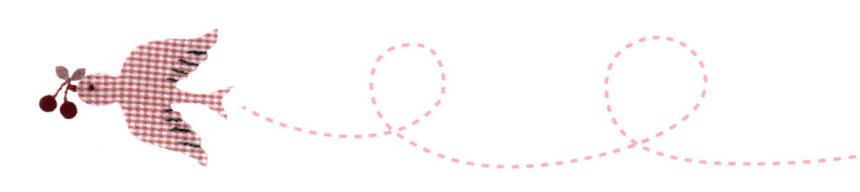

あそびのアイディア

食べて生きていることに気づかせる

「どうしておなかが減るのか、みんなで考えてみましょう」と問いかけて、「運動すると減る」「ごはんを食べないと減る」などの答えを導き出します。そして、「腹ぺこになるのは元気な証拠。好き嫌いしないで、よく噛んで、残さず食べたらパワーが出て、いっぱい遊びたくなって、また腹ぺこになって…」などと話してみましょう。うたを通じて、食べて生きていることの大切さに気づかせたいものです。

森のくまさん

訳詞：馬場祥弘　作詞・作曲：アメリカ民謡

～2歳　3歳　4歳　5歳

くまとお嬢さんで２つのグループに分かれ、2･4番をくまが歌い、1・3・5番をお嬢さんが歌って、かけ合いにしても楽しめます。

G
C
F
F#dim
にであった はなさく もりのみち くまさんに であった
んおにげなさい スタコラ サッサッサッのサ サッサッサッのサ
らついてくる トコトコ トッコトッコト トッコトッコト
とおとしもの しろい かいがらの ちいさな イヤリング
にうたいましょう ラララ ラララララ ラララ ラララララ
1.2.3.4.
5.
2. くまさん
3. ところ
4. おじょうさ
5. あらくま
弾かない

コブタヌキツネコ

作詞・作曲：山本直純

～2歳　3歳　4歳　5歳　♪原曲：ニ長調

慣れたら１番と２番をまぜて「こぶた（ブブブー）」と歌っても。テンポを速めるとゲームのようなおもしろさが出ます。

あらどこだ

作詞：神沢利子　作曲：越部信義

～2歳　3歳　4歳　5歳

歌詞に出てくる動物の写真を見せて、「わにのみみ」「ぶたのひげ」「ライオンのつの」があるかどうか、調べてみましょう。

♩=120
1. ろばーのみみは　うえむいて　ぞうーのみみは　したむいて　わたしのみみは　かおのよこ　わにーのみみは
2. なまずのひげは　したむいて　ねこーのひげは　よこむいて　やぎーのひげは　あごのした　ぶたーのひげは
3. うしーのつのは　あたま(𝄽)に　しかーのつのも　あたま(𝄽)に　さいーのつのは　はなのうえ　ライオンのつのは
あらどこだ

ニワトリかぞえうた

作詞・作曲：阿部直美

～2歳 3歳 **4歳** **5歳**

1から10までの数の語呂合わせが楽しめるうた。詞の●印のところで、数に合わせて指を出しましょう。繰り返し歌い、だんだん速度をあげても。

はたらくくるま

作詞：伊藤アキラ　作曲：越部信義

～2歳　3歳　**4歳**　**5歳**

働く車の種類を知り、たくさんの職業があることに気づかせたいものですね。勤労感謝の日の前後にも歌いたい曲。

G C
ソ ソ ラ ラ ソ ソ ミ ミ ソ ラ ソ ミ ソ ラ ソ ミ
（ゆう びん しゃ） ま ち じゅ う き れ い に お そ う じ せ い そ う
（カー キャリ ア） ひ っ こ し に も つ は お ま か せ パ ネ ル バ
（フォーク リフ ト） じ め ん の で こ ぼ こ た い ら に ブ ル ド ー
シソ シソ シソ ドミ ドミ ドミ ドミ
C G
ソ レ レ ソ ソ シ シ ド ド レ レ ソ ソ シ シ ド ド
しゃ （せい そう しゃ） け が に ん びょ う に ん い そ い で きゅ う きゅ う
ン （パネ ルバ ン） こ わ れ た く る ま を う ご か す レ ッ カ ー
ザー （ブル ドー ザー） お お き な い し で も ら く ら く ショ ベ ル カ
ドミ ドミ ドミ ドミ ドミ シソ （シ）ソ シソ （シ）ソ
G D7
レ ファ♯ ファ♯ ファ♯ ミ ミ ミ ミ レ レ レ ラ ラ
しゃ （きゅう きゅう しゃ） ビ ル の か じ に は は し ご しょう ぼう
しゃ （レッ カー しゃ） ガ ソ リ ン ま ん た ん は い た つ タンク ロー
ー （ショベ ルカ ー） ジャ リ を い っ ぱ い つ み こ む ダン プカ
シソ シソ シソ シソ シソ ドレ ドレ ドレ ドレ
G G7 C
ソ ソ ラ ソ ミ ソ ラ ソ ミ
しゃ （はしご しょうぼう しゃ）
リー （タンク ロー リー） い ろ ん な く る ま が ー
ー （ダン プカ ー）
シソ シソ シソ シソ シファ シファ ドミ ドミ ドミ ドミ

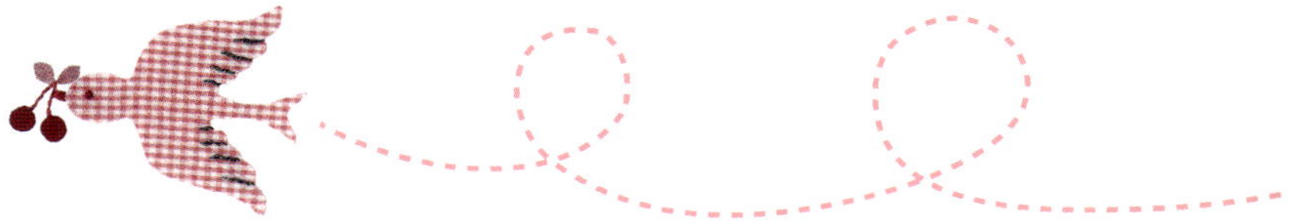

Bm E Am
レ レ シ ファ♯ ミ ラ シ ラ ミ ラ シ ラ ミ
あ る ん だ なあ い ろ ん な お し ご と ー
シ レ (シ) レ ソ♯ ミ ソ♯ ミ ド ラ ド ラ ド ラ ド ラ
A7 D G Em C D7
ラ ソ ファ♯ ミ ラ シ シ シ ソ ソ ソ ミ ミ ミ レ ミ ソ ソ
あ る ん だ なあ は し る! は し る! は た ら く く る ま
ド♯ ラ ド♯ ソ レ ファ♯ レ ファ♯ レ ファ♯ レ ファ♯ レ ソ レ ソ シ ミ シ ミ ソ ド ド レ ド レ
G to Coda 1. G 2. G
ー
ソ シ ソ シ
シ ソ シ ソ ド ソ ド ソ シ ソ ソ ソ ソ ソ ソ ソ
D.S.
Coda
G Em D7 G
ソ シ
レ レ レ ミ ミ ミ ミ ミ ミ ミ ソ
ソ ソ ソ シ ソ シ ソ シ ソ シ ミ シ ミ シ ミ ド レ ド レ ド レ ド レ シ ソ ソ

そうだったらいいのにな

作詞：井出隆夫　作曲：福田和禾子

～2歳　3歳　4歳　5歳

「そうだったら」の前の休符を大切にしましょう。「そう」にアクセントがつき、願望の強さを表現できます。

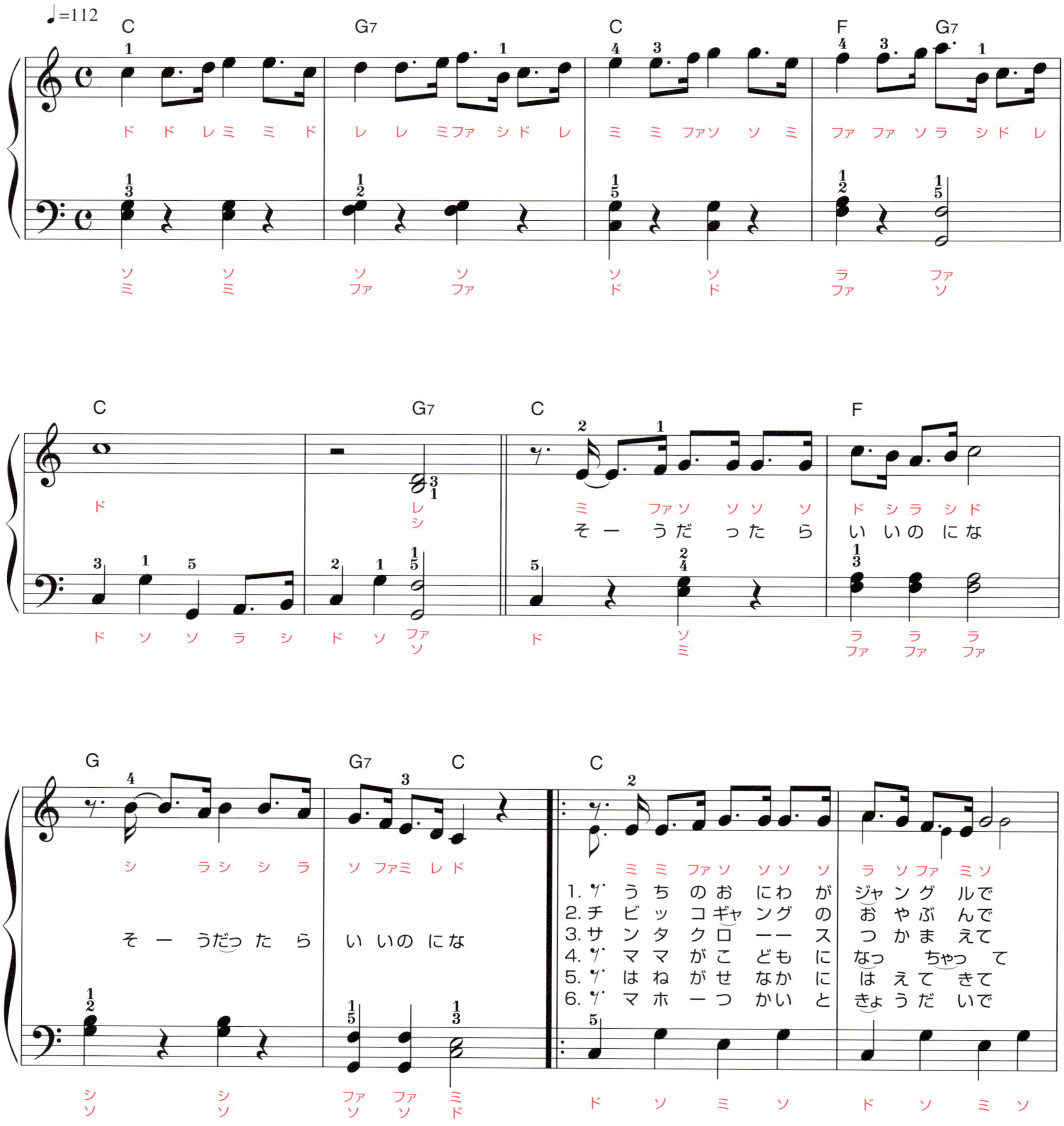

Dm
G7
C
F
G
G7
C
こいぬのタローが ライオンだ
おおきなゴリラが ようじんぼう
うちだけまいばんが クリスマス
わたしがかわりに おかーあさん
きれいなチョウチョの バレリーナ
こまったときーは ★
そーうだったら いいのにな
そーうだったら いいのにな

※ 6番の★印のところは、自由にまほうの言葉を歌います。

あそびのアイディア

みんなの“夢”の話をしてみましょう

「そんなことが本当にあったらいいのに…」という、愉快なうたです。「みんなはどんなことがあったらいい？」と子どもたちに問いかけてみましょう。「きれいな服をいっぱい持っていて、毎日シンデレラみたいにパーティーに行きたい」「まほうのサッカーボールでシュートをらくらく決めたい」など、夢を話し合い、そのシーンを絵に描いてみても楽しいでしょう。

ドロップスのうた

作詞：まど・みちお　作曲：大中 恩

～2歳　3歳　**4歳**　**5歳**　♪原曲：ニ長調

ドラマ性のあるうたで、発表会でもよく歌われます。「ぽろんぽろん」では、うたと一緒にハンドベルなどを鳴らしてもよいでしょう。

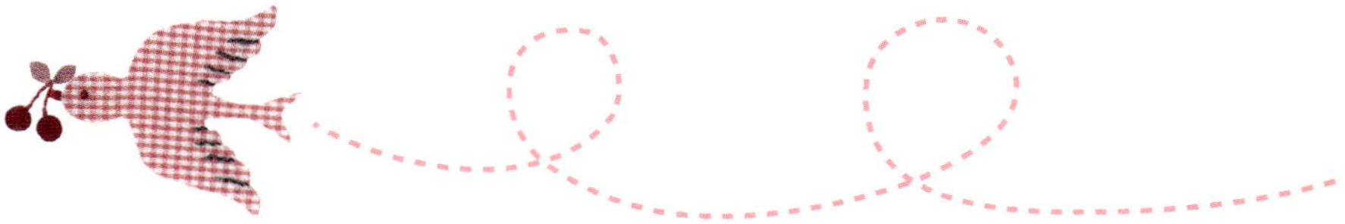

Dm E Dm
ファ ファ ファ ファ ファ ファ シ ミ ファ ソ ラ
きいろい なみだが ぽろん ぽろん それが
あまい なみだが ぽろん ぽろん それが
G C Am Dm G7
シ シ シ シ ラ ソ ミ ソ ド ド レ ド シ ラ ソ ド シ
せかいじゅうに ちらばって いまでは ドロップ
せかいじゅうに ちらばって いまでは ドロップ
C G7
ド ド ミ ソ ソ シ ド レ シ
ス ー こどもが なめます
ス ー こどもが たべます
C G7 C
ド ド ド ミ ソ ド シ ド レ シ ド ド
ぺろん ぺろん おとなが なめます ぺろん ぺろん
ちゅるん ちゅるん おとなが たべます ちゅるん ちゅるん

汽車ぽっぽ

作詞：富原 薫　作曲：草川 信

～2歳　3歳　**4歳**　**5歳**

子どもたちがめったに目にすることがない汽車ですが、絵本や写真で、煙をはいて走る姿を見せてから歌ってみましょう。

♩=90
F　C　F　C　F　C7　F　B♭　C　F　C　F　C　F　C
1.～3. きしゃ きしゃ ポッポ ポッポ シュッポ シュッポ シュッポッポ
ぼくらを のせて シュッポ シュッポ シュッポッポ スピード スピード まどの そと
きてきを ならして シュッポ シュッポ シュッポッポ ゆかいだ ゆかいだ いいな ながめ
けむりを はいて シュッポ シュッポ シュッポッポ ゆこうよ ゆこうよ どこまで でも

B♭ F B♭ Bm7(♭5) C7
レ レ レ ド ラ ラ ド ド ラ ラ ソ ファ ド ド
は た け も と ぶ と ぶ い え も と ぶ はし
の は ら だ は や し だ ほ ら や ま だ はし
あ か る い き ぼ う が ま っ て い る はし
シ♭ ファ シ♭ ファ ファ ド ファ ド シ♭ レ シ レ ド シ♭ ド シ♭ ド
F B♭
ファ ラ ド ラ レ
れ はし れ はし れ ー
れ はし れ はし れ ー
れ はし れ はし れ ー
ラ ファ ラ ファ ラ ファ ラ ファ ラ ファ ラ ファ レ シ♭ レ ド シ♭ ラ ソ
1.2.
F C7 F
ド ド ド ラ ラ ラ ソ ド ファ
てっ きょう だ てっ きょう だ たの しい な
トン ネル だ トン ネル だ うれ しい な
がん ばっ て がん ばっ て
ファ ド ラ ド ラ ド ラ ファ ド ラ ド ラ ド ラ ド シ♭ シ♭ ミ ラ ファ ド
3.
C7 F
ソ ド ド ファ
は し れ よ ー ー
ド シ♭ ミ ラ ファ ド ラ ド ファ ファ

たのしいね

作詞：山内佳鶴子　補作詞：寺島尚彦　作曲：寺島尚彦

～2歳　3歳　4歳　5歳

「たのしいね」のあとに「パパパン」と手拍子を入れてみましょう。
「ほらね」や「ぐっと」は大きく表情をつけて。

C F Gm
ソ ドララソソ ファ ララ ドシ♭シ♭シ♭
ンとおとがす る (手拍子) あなたのみぎて
んなこえがで る (ラララン) あなたのこえと
C F B♭
わたしのひだりて あわせてみ よう (ほらね)
わたしのこえと あわせてみ よう (ほらね)
D7 Gm B♭ C Gm Am
ぐっとすてきな おとがする ぐっとあかるい
ぐっとすてきな うたになる ぐっとあかるい
B♭ F C7 F
おとがする おとがする
うたになる うたになる

朝一番早いのは

作詞：阪田寛夫　作曲：越部信義

～2歳　3歳　**4歳**　**5歳**

「新聞をしごく」や「牛乳屋さん」など、今の子どもの知らない言葉を解説してから、みんなで歌ってみましょう。

※「グー」の は、セリフのように自由に歌う印です。

※新聞をしごく…新聞紙を縦長になるように折り、一方の手で握り、もう一方の手で強くこするようにして引くこと。うたが作られた頃は、粋なしぐさとして、新聞屋さんが新聞紙をしごいてキューッという音をたてながら配っていた。

※牛乳屋さん…うたが作られた頃は各家庭にビン入りの牛乳を配達するという仕事があり、カチャカチャとビンが触れ合う音がよく聞かれた。

ホ！ホ！ホ！

作詞：伊藤アキラ　作曲：越部信義

～2歳　3歳　**4歳**　**5歳**　♪原曲：二長調

「ホ！ホ！…」は、歯切れ良く軽やかに歌いながら手拍子。「ユーレユーレ…」はなめらかに歌いながら両手を左右に揺らしましょう。

♩=127
C　Am　F　G7
C　Am
1. た　の　し　い　メ　ロ　ディー　わ　す　れ　た　と　き　は ー
2. あ　い　た　い　ひ　と　に ー　あ　い　た　い　と　き　は ー
Dm　G7　C
よ　ん で　み　よ　う　よ ー　あ　お　ぞ　ら　に　ー
よ　ん で　み　よ　う　よ ー　そ　の　な　ま　え　ー
C　Am
ホ　ホ　ホ　ホ　ユー　レユー　レユー　レユー　レ　ホ　ホ　ホ　ホ

Am Dm C
ミ ラ ミ ラ ミ ラ ミ ラ レ ミ ファ レ ミ ファ ソ
ユー レユー レユー レユー レ かえって くるよー
かえって くるよー
ラ ミ レ ラ ラ ド ド ド
Bm Em G7 C
ファ♯ ソ ラ ファ♯ ソ ラ シ ソ ド ソ ド ソ ド ソ ド ソ ド ソ ド
あのメロディーがー ホ ホ ホ ホ ユー レユー レユー レユー レ
あのほほえみがー
シ シ シ ミ ソ ド ド ソ ソ ド ソ
Am Dm
ミ ラ ミ ラ ミ ラ ミ ラ ミ ラ ミ ラ レ ミ ファ ソ
ホ ホ ホ ホ ユー レユー レユー レユー レ よんでみ
よんでみ
ラ ラ ミ ミ ラ ミ レ ラ ラ
D7 C Am F7 1. C 2. C
ラ シ ド ソ ラ ミ♭ レ ド ド ド ミ
ようよー あおぞらにー ー ー
ようよー そのなまえ
ファ♯ レ レ ド ファ ド ソ ラ シ ド ド ド

手のひらを太陽に

作詞：やなせ・たかし　作曲：いずみたく

～2歳　3歳　4歳　5歳　♪原曲：変ホ長調

明るく生命感にあふれたうたです。「手のひらを太陽に すかしてみれば」は、実際に手を光にかざして見てみましょう。

C7 F Dm F
ソ ラ ソ ラ ソ シ♭ ラ レ ミ レ ド ド ド ラ
すかしてみれ ば まっ か に なが れる
ソ ド ソ ド ファ ド ファ ミ レ ラ レ ラ ファ ド ファ ド
G7 C7 F
ソ ファ♯ ソ ラ シ ド ド ド ド ラ ファ ド ド ド
ぼくのち し お
みみず だっ て おけら
とんぼ だっ て かえる
ソ レ ソ ファ ミ ド ド ファ ド ファ ド
C7 F D7 Gm F
シ♭ ソ ド レ ド レ ド ラ シ♭ シ♭ シ♭ ラ ラ ラ
だっ て ー あめんぼだっ て
だっ て ー みつばちだっ て
みんなみんな
ソ ド ソ ド ソ ド ソ ド ファ ファ ファ♯ ファ♯ ソ ファ
C7 F C7 1. F 2. F
ソ ソ ソ ラ ラ ファ ファ ド ド ド ド レ ミ ファ ファ ファ ラ
いきているんだ ともだちな ん だ だ
ド ファ ソ ド ソ ド ファ ド ファ ファ ド ファ ファ

動物園へ行こう

作詞・作曲：T. Paxton　訳詞：海野洋司

～2歳　3歳　4歳　5歳　♪原曲：ト長調

動物園のことを英語で「ズー」ということを知らせてから歌いましょう。うたの中にどんな動物が出てくるかな？

※ ♪ は、セリフのように自由に歌う印です。

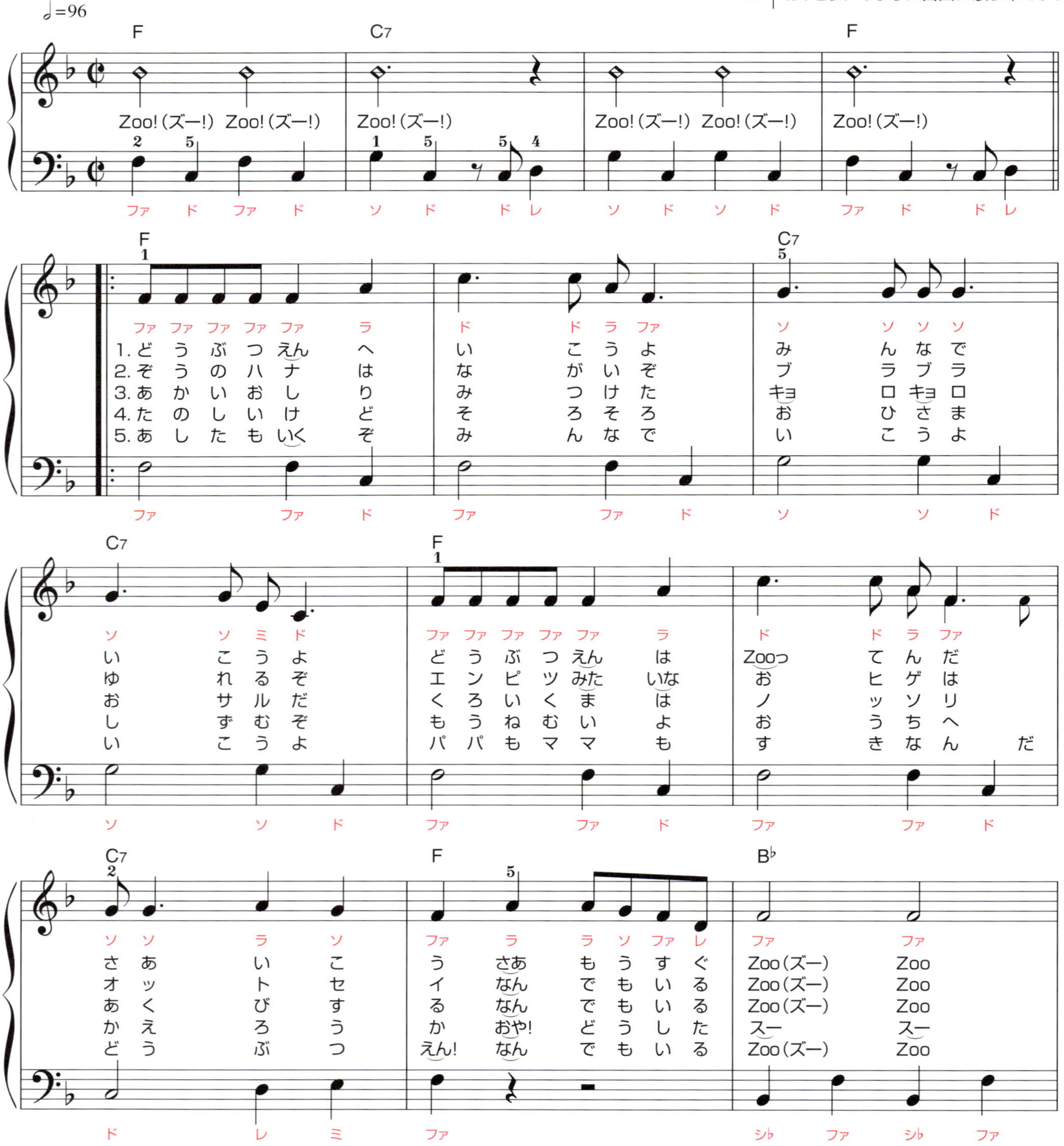
♩=96
Zoo! (ズー!) Zoo! (ズー!) Zoo! (ズー!) Zoo! (ズー!) Zoo! (ズー!) Zoo! (ズー!)
1. どうぶつえんへ いこうよ みんなで いこうよ どうぶつえんは Zooってんだ さあいこう さあもうすぐ Zoo(ズー) Zoo
2. ぞうのハナは ながいぞ ブラブラ ゆれるぞ エンピツみたいな おヒゲは オットセイ なんでもいる Zoo(ズー) Zoo
3. あかいおしり みつけた キョロキョロ おサルだ くろいくまは ノッソリ あくびする なんでもいる Zoo(ズー) Zoo
4. たのしいけど そろそろ おひさま しずむぞ もうねむいよ おうちへ かえろう かおや! どうした スー スー
5. あしたもいくぞ みんなで いこうよ パパもママも すきなんだ どうぶつえん! なんでもいる Zoo(ズー) Zoo

B♭ F
ファ ド ラ ソ ファ ファ ファ ド シ♭ ラ
Zoo きみも You(ユー) You You おいで
Zoo ぞうは ゾー ゾー ゾー おおハナ
Zoo サルは キャッ キャッ キャッ くまは
スー みんな コッ クリ コ きょうは
Zoo パパと You(ユー) You You ママと
シ♭ ファ ファ ド ファ ド ファ ド
C7 F B♭
ソ ソ ソ ラ ラ ソ ファ レ ファ ファ
Go(ゴー) Go Go そら! きたきた
ブン ブン ブン さあ! ごらんよ
Uoo(ウー) Uoo Uoo ほら! ゆかいな
いち にち じゅう くた びれたよ
Go(ゴー) Go Go さあ! いこうよ
Zoo(ズー) Zoo
ド ソ ド ソ ド ド ファ シ♭
1.~4. 5.
F F F7
ファ ファ ド レ ファ ラ ソ ファ
Zoo Zoo(ズー)
ファ ド レ ファ ファ ミ♭ ミ♭
B♭ C7 F
ド シ♭ ラ ラ ソ ミ ファ ド ファ
レ レ ド ド ファ ド ファ

にんげんっていいな

作詞：山口あかり　作曲：小林亜星

～2歳　3歳　**4歳**　**5歳**

テレビで放映されたアニメ『日本昔ばなし』で流れた作品。のどかなメロディや温かい詞がとても印象的な曲です。

♩=120
G F7
G C Bm Em
1. くまのこみていた かくれんぼ おしりをだしたこ
2. もぐらがみていた うんどうかい びりっこげんきだ
A D7 G G7 C Cm
いっとうしょう ゆうやけこやけで またあした
いっとうしょう ゆうやけこやけで またあした
G D7 G B7 Em Bm
またあした 1. いいな いいな
またあした 2.3. いいな いいな

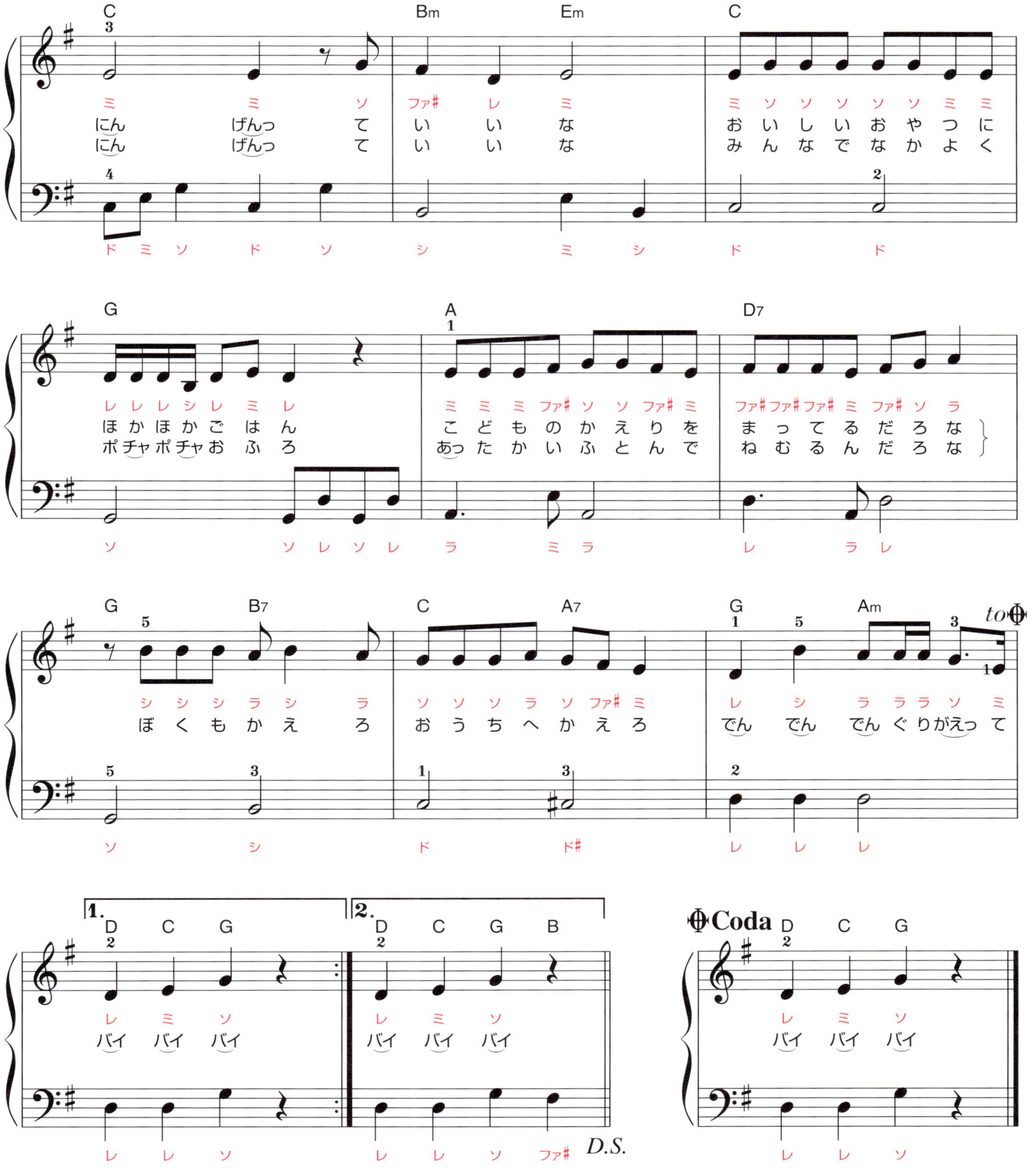
C Bm Em C
ミ ミ ソ ファ♯ レ ミ ミ ソ ソ ソ ソ ソ ミ ミ
にん げんっ て い い な お い し い お や つ に
にん げんっ て い い な み ん な で な か よ く
ド ミ ソ ド ソ シ ミ シ ド ド
G A D7
レ レ レ シ レ ミ レ ミ ミ ミ ファ♯ ソ ソ ファ♯ ミ ファ♯ ファ♯ ファ♯ ミ ファ♯ ソ ラ
ほ か ほ か ご は ん こ ど も の か え り を ま っ て る だ ろ な
ポ チャ ポ チャ お ふ ろ あっ た か い ふ と ん で ね む る ん だ ろ な
ソ ソ レ ソ レ ラ ミ ラ レ ラ レ
G B7 C A7 G Am to Coda
シ シ シ ラ シ ラ ソ ソ ソ ラ ソ ファ♯ ミ レ シ ラ ラ ラ ソ ミ
ぼ く も か え ろ お う ち へ か え ろ でん でん でん ぐ り がえっ て
ソ シ ド ド♯ レ レ レ
1. D C G
レ ミ ソ
バイ バイ バイ
レ レ ソ
2. D C G B
レ ミ ソ
バイ バイ バイ
レ レ ソ ファ♯
D.S.
Coda D C G
レ ミ ソ
バイ バイ バイ
レ レ ソ

小さな世界

作詞・作曲：R. M. Sherman，R. B. Sherman　日本語詞：若谷和子

～2歳　3歳　**4歳**　**5歳**

音域の広い曲なので、子どもだけでなく親子で一緒に歌うと、メロディラインがはっきりして美しく聞こえます。

あそびのアイディア

「世界」を手話で表して

　手話の動きをしながら歌われることがある曲です。手話では「世界」を、両手でボールをつかみ、それを前方に回転させるしぐさで表します。曲の後半の「せかいはまるい せかいは…」の部分にこの動きを取り入れてみましょう。手話に対する理解を深めるきっかけになればうれしいことですね。

ミッキーマウスマーチ

作詞・作曲：J. Dodd　日本語詞：漣 健児

～2歳　3歳　**4歳**　**5歳**

ミッキーマウスの耳の形をしたぼうしをかぶって、歌いながら元気に行進しましょう。「ヘイ」の部分はこぶしを頭上で振ります。

♩=120
F
すすめ すすめ いちに さんし
F　G　C
ぼくらの クラブの リーダーは
F　B♭　B♭m　F　C7　F　C7
ミッキー マウス ミッキー マウス ミッキー ミッキー マウス
F　G　C　F
つよくて あかるい げんきもの ミッキー マウス

B♭ B♭m F C7 F B♭
ファ ファ ファ ラ ファ ソ ミ ファ ファ ファ レ ファ ファ
ミッ キー マウス ミッ キー ミッ キー マウス ミッ キー マウス ミッ キー
レ レ♭ ド シ♭ ド ラ ファ シ♭ ファ ファ レ
F G G7 C7
ド ド レ レ レ レ レ レ ミ ファ ソ ド シ♭
マウス さあ う た お う こ え た か く ヘイ
ファ ファ ファ ファ ソ ファ ミ レ ド ド
C7 F G C
ド ラ ド ソ ファ ファ ファ ファ ファ ファ ファ ファ ソ ファ ミ レ ド
ヘイ ヘイ み ん な で た の し い ジャ ン ボ リ ー
レ ミ ファ ミ レ ド シ ソ ド ミ
F B♭ B♭m F C7 F F
ファ ファ ファ ファ ファ ファ ラ ファ ソ ミ ファ ファ ファ ファ ファ
ミッ キー マウス ミッ キー マウス ミッ キー ミッ キー マウス ミッ キー マウス
ファ ミ♭ レ レ♭ ド シ♭ ド ラ ファ ラ ファ ファ

世界中のこどもたちが

作詞：新沢としひこ　作曲：中川ひろたか

～2歳　3歳　4歳　5歳

日常保育だけでなく、入園式、おわかれ会、卒園式などでも幅広く歌われています。

D C D 1. G
ソ ファ# レ レ レ ミ レ# ミ ソ ファ# ソ ラ ソ レ ミ ファ#
ろ う ラ ラ ラ う み も わ ら う だ ろう せ か い
ろ う ラ ラ ラ う み も な く だ ろ
ろ う ラ ラ ラ う み も う た う だ
レ ラ レ ド レ ラ ソ レ ソ
2. G B7 Em
ソ シ シ シ シ ファ# シ シ シ ラ ソ ファ# ミ ラ ラ ラ
う ひ ろ げ よ う ぼ く ら の ゆ め を と ど け
ソ レ ソ シ ド# レ# ミ シ ミ
A7 D Bm
ラ ミ ラ ラ ラ ソ ファ# ミ レ シ シ シ シ ファ# シ シ シ ラ
よ う ぼ く ら の こ え を さ か せ よ う ぼ く ら の
ラ シ ド# レ ラ レ シ ド# レ#
Em A D 3. G
ソ ファ# ミ ラ ラ ラ ラ ラ ラ ラ シ ド# レ レ ミ ファ# ソ
は な を せ か い に に じ を か け よう 2.3. せ か い ろう
ミ シ ミ ド# ラ レ ラ レ ソ レ ソ

アンパンマンのマーチ

作詞：やなせ・たかし　作曲：三木たかし

～2歳　3歳　**4歳**　**5歳**　♪原曲：イ長調

テレビアニメでおなじみ、アンパンマンのテーマ曲。音域が広いので、歌いにくいところは大人も一緒に歌いましょう。

♩=94
F7　B♭　E♭
そ う だ　う れ し い ん だ
C7　F　B♭　E♭
い き る よ　ろ こ び　た と え　む ね の き ず が
C7　F7　B♭　E♭　B♭　Cm　B♭
い た ん で　も
C7　F7　B♭　E♭　B♭
1.な ん の た め に　う ま れ て
2.な に が き み の　し あ わ せ

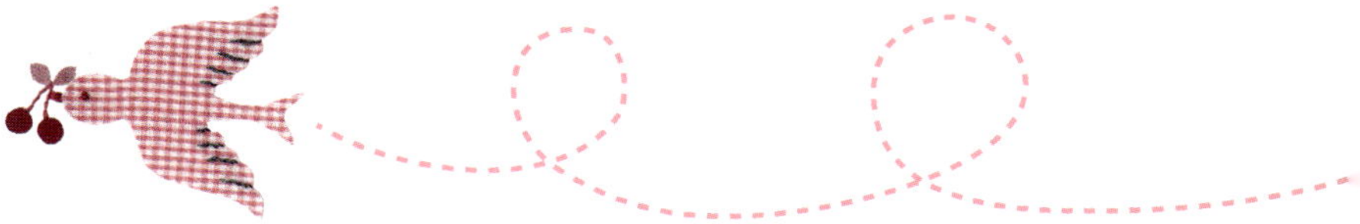

E♭ B♭ C7 F7 B♭ E♭ B♭
なにをして いきるのか こたえられな いなんて
なにをして よーろこぶ わからないま まおわる
E♭ B♭ F7 B♭ C7 F
そんなのは いやだ! 1.いまを いきる ことで
そんなのは いやだ! 2.わすれ ないで ゆめを
3.とき は はやく すぎる
D7 Gm F7 B♭
あつい こころ もえる だから きみは いくんだ
こぼさ ないで なみだ だから きみは とぶんだ
ひかる ほしは きえる だから きみは いくんだ
C7 F7 B♭ E♭
ほほえんで そうだ うれしいんだ
どこまでも そうだ おそれないで
ほほえんで そうだ うれしいんだ

C7 F7 B♭
ド レ ド シ♭ ラ ソ ファ レ レ シ♭
いきるよろこびたとえ
みんなのためにあいと
いきるよろこびたとえ
ド ミ ファ ファ シ♭ シ♭
E♭ C7 F7 B♭
ソ ファ♯ ソ ラ シ♭ ソ ド レ ド ラ シ♭
むねのきずがいたんでも
ゆうきだけがともだちさ
どんなてきがあいてでも
ミ♭ ミ♭ ド ファ シ♭
B♭ E♭ C7
レ シ♭ ソ ファ♯ ソ ラ シ♭ ソ ド レ ド シ♭
あ あ アンパンマン やさしい
シ♭ シ♭ ミ♭ ミ♭ ド ミ
F7 B♭ E♭
ラ ソ ファ レ シ♭ ソ ファ♯ ソ ラ シ♭ ソ
きみは いけ! みんなのゆめ
ファ ファ シ♭ シ♭ ミ♭ ミ♭

1.
2.
C7 F7 to Φ B♭ B♭
ド レ ド ラ シ♭ シ♭
ま も る た め め
ド ファ シ♭ シ♭
B♭ E♭ B♭ E♭ B♭
シ♭ ド レ ミ♭ ファ シ♭ ソ ファ ミ♭ ファ シ♭ ミ♭ レ ド レ シ♭
シ♭ レ ミ♭ シ♭ ミ♭ シ♭
F7 B♭
ド レ シ♭
ファ シ♭
D.S.
Φ Coda B♭ E♭ B♭
シ♭
め
ソ ラ シ♭ ファ ラ シ♭
シ♭ ミ♭ レ
Cm B♭ E♭ B♭ F7 B♭
ミ♭ ラ シ♭ レ ソ ミ♭ ファ レ ミ♭ ド レ シ♭ レ シ♭
ド シ♭ ミ♭ レ ファ シ♭ シ♭

ドレミの歌

作詞：O. Hammerstein Ⅱ　訳詞：ペギー葉山　作曲：R. Rodgers

～2歳　3歳　4歳　5歳　♪原曲：変ロ長調

この曲を通して「ド」とはどんな音、「レ」はどんな音…と音を聞き分けられるようになると、音楽がより身近になります。

F D G
ラ ラ レ ミ ファ♯ ソ ラ シ
ら ー ラ は ラ ッ パ の ラ
で ー ラン ラ ラ ラ ラ ラ
ド ファ レ ミ ファ ファ♯ レ ラ レ レ ソ ミ
G E Am C7
シ ミ ファ♯ ソ♯ ラ シ ド シ シ♭
ー シ は し あ わ せ よ ー さ あ
ー し あ わ せ の う た ー さ あ
ファ♯ ソ ソ♯ ミ シ ミ ラ ミ ド
F G to Φ 1. C 2. C
ラ ファ シ ソ ド ソ ミ レ ド ミ
う た い ま しょ ラン ラン ラン しょ
う た い ま
ド ファ レ ソ ミ ド ド ソ
C G7
ド レ ミ ファ ソ ラ シ
ー ド レ ミ ファ ソ ラ シ
ド ソ ラ シ ド (ド) シ ラ ソ ファ ミ レ

DO-RE-MI

Lyrics by Oscar Hammerstein Ⅱ
Music by Richard Rodgers

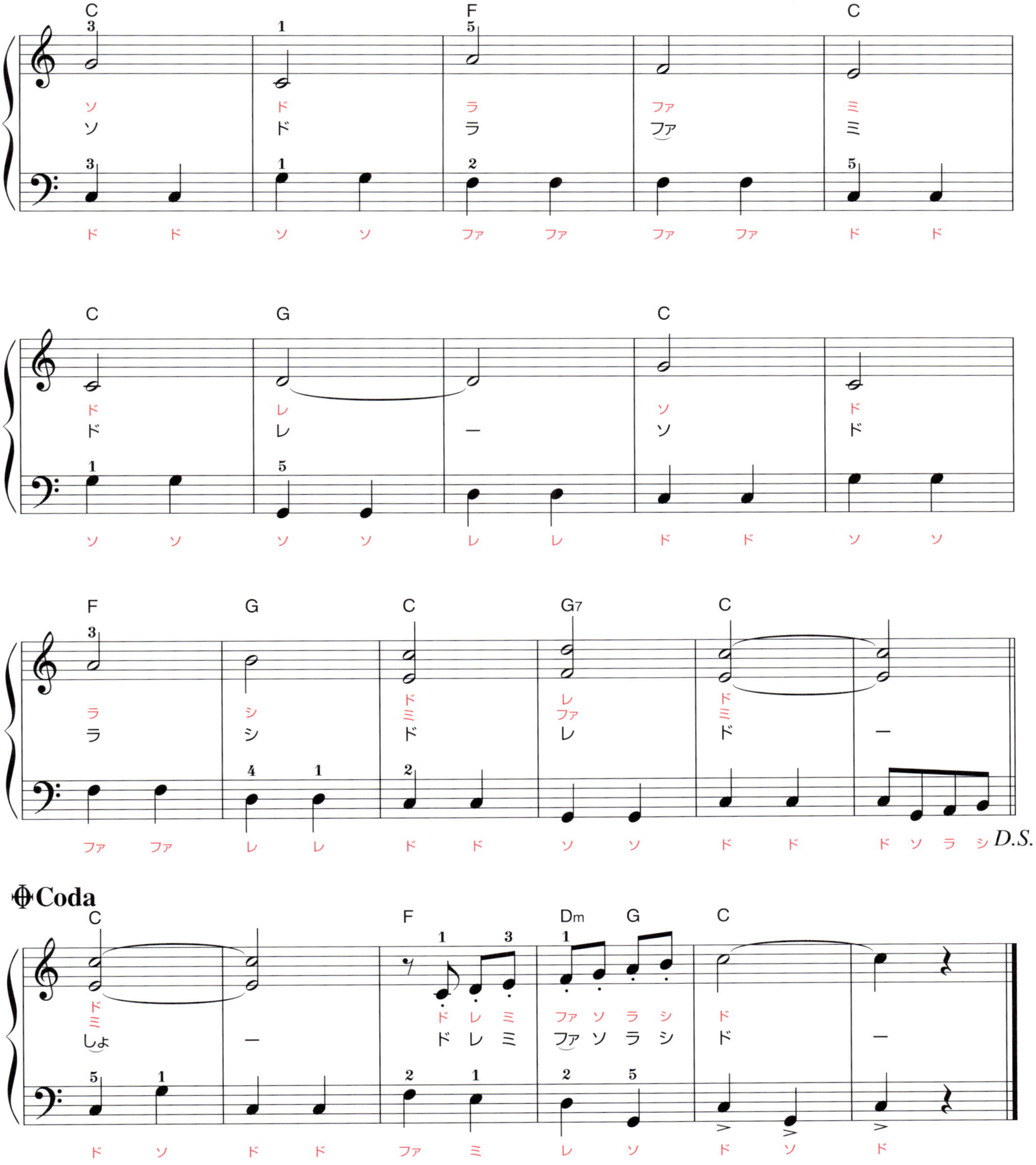
C F C
ソ ド ラ ファ ミ
ソ ド ラ ファ ミ
ド ド ソ ソ ファ ファ ファ ファ ド ド
C G C
ド レ ソ ド
ド レ ー ソ ド
ソ ソ ソ ソ レ レ ド ド ソ ソ
F G C G7 C
ラ シ ドミ レファ ドミ
ラ シ ド レ ド ー
ファ ファ レ レ ド ド ソ ソ ド ド ド ソ ラ シ
D.S.
Coda
C F Dm G C
ドミ ド レ ミ ファ ソ ラ シ ド
しょ ー ド レ ミ ファ ソ ラ シ ド ー
ド ソ ド ド ファ ミ レ ソ ド ソ ド

クラリネットをこわしちゃった

訳詞：石井好子　作詞・作曲：フランス民謡

～2歳　3歳　**4歳**　**5歳**

出ない音が増えるにしたがってテンポを速くしてみましょう。「オパキャマラド～」は、始めは1音1音ゆっくり練習して。

♩=108
F
ファ ソ ラ シ♭ ド レ ミ ファ
F
ファ ファ ファ ファ ファ ファ ファ ソ ラ ソ ファ ド
1. ぼ く の だ い す き な クラ リ ネッ ト
2. ド と レ と ミ の お と が で な い
ラ ファ
F
ラ ラ ラ ラ ラ ラ ラ シ♭ ド シ♭ ラ ファ
パ パ か ら も ら っ た クラ リ ネッ ト
ド と レ と ミ の お と が で な い
ラ ファ
F D7 Gm
ド ド ド レ ド シ♭ ラ シ♭ シ♭ シ♭ シ♭
とっ て も だ い じ に し て た の に
とっ て も だ い じ に し て た の に
パ パ も だ い じ に し て た の に
ラ ファ ド レ シ♭ ソ

C7 F
シ♭ シ♭ シ♭ シ♭ ド シ♭ ラ ソ ラ ラ ラ ラ
こ わ れ て で な い お と が あ る
こ わ れ て で な い お と が あ る
み ー つ け ら れ た ら おこ ら れ る
F C7 F C7 F
ド シ♭ ラ ド シ♭ ラ ド
どう し よう どう し よう
どう し よう (コラ) どう し よう (コラ) オ
どう し よう (オー) どう し よう (オー)
F D7 Gm
パ キャマ ラ ド パ キャマ ラ ド パ オ パ オ パン パン パン オ
C7 to 1. F
パ キャマ ラ ド パ キャマ ラ ド パ オ パ オ パ

2.
F
3
ファ
パ
ファ ファ ファ ファ
ド と レ と
ファ ファ ファ ファ
ミ と ファ と
ファ ファ ファ ファ
ソ と ラ と
ラ ファ ラ ファ ラ ファ ラ ファ ラ ファ ラ ファ ラ ファ ラ ファ
F
3
ファ ファ ファ ソ
シ の お と
ラ ソ
が で
ファ ド
な い
ラ ラ ラ ラ
ド と レ と
ラ ファ ラ ファ ラ ファ ラ ファ ラ ファ ラ ファ ラ ファ ラ ファ
F
ラ ラ ラ ラ
ミ と ファ と
ラ ラ ラ ラ
ソ と ラ と
ラ ラ ラ シ♭
シ の お と
ド シ♭
が で
ラ ファ ラ ファ ラ ファ ラ ファ ラ ファ ラ ファ ラ ファ ラ ファ
F
ラ ファ
な い
ラ ファ ラ ファ
D.S.
Coda
F C7 F
1 2 5
ファ ド ファ
パ オッ パ
ラ ファ シ♭ ド ラ ファ

幸せなら手をたたこう

作詞：木村利人　作曲：アメリカ民謡

～2歳　3歳　4歳　5歳

歌詞のとおりに動作をするだけで、誰でもすぐできるパーティーゲームソング。親子の集いにもぴったりです。

♩=124
D7 G
1. し あ
G D7
わ せ な ら て を た た こう し あ わ せ な ら て を た た
わ せ な ら あ し な ら そう し あ わ せ な ら あ し な ら
わ せ な ら か た た た こう し あ わ せ な ら か た た た
G G7 C A
こう し あ わ せ な ら たい ど で し め そ う よ ほ ら
そう し あ わ せ な ら たい ど で し め そ う よ ほ ら
こう し あ わ せ な ら たい ど で し め そ う よ ほ ら
D 1.2. G 3. G
みん な で て を た た こう 2. し あ
みん な で あ し な ら そう 3. し あ
みん な で か た た た こう

いぬのおまわりさん

作詞：佐藤 義美　作曲：大中 恩

～2歳　3歳　4歳　5歳　♪原曲：二長調

「ニャンニャン」などの鳴き声は、１番より２番を激しくするといった工夫ができます。それぞれ役を決めて演じても。

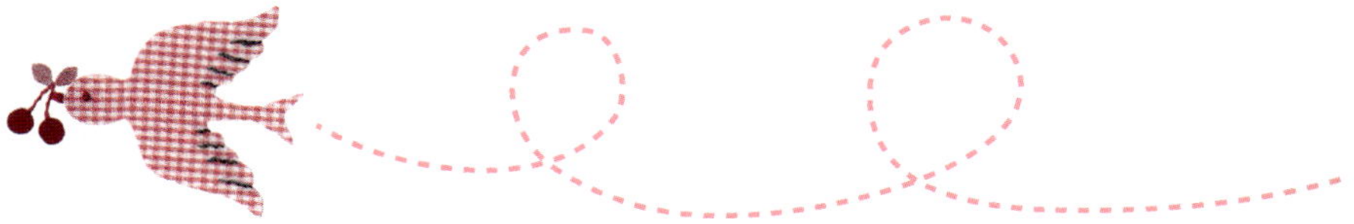

C G Dm A
ソ ミ ソ ド ソ ミ ソ レ レ レ ミ ファ ミ レ ミ ラ
ニャン ニャン ニャン ニャーン ニャン ニャン ニャン ニャーン な い て ば か り い る
ミ ド ミ ド ミ ド ミ ド ミ ド ソ シ ラ ファ レ ド♯
G D7 G C Am
ソ シ ラ ファ♯ ソ ミ ソ ソ ミ ラ ソ ミ ド
こ ね こ ちゃ ん い ぬ の お ま わ り さん
レ ド ラ シ ソ ソ ミ ド ソ ミ シ ラ ド ミ ソ ラ
Dm C D7 G7 C
レ ミ ド ラ ド レ ミ ド レ ラ ソ シ レ シ ミ ド
こ まっ て し まっ て ワン ワン ワン ワーン ワン ワン ワン ワーン
ファ レ ラ♭ ソ ミ ファ♯ レ ソ ファ ソ ファ ソ ミ ド
C G7 C
ソ ミ ミ ミ ミ ド ド ド ド ソ ソ ソ ソ ミ ミ ミ
ド ド ド ソ ソ ソ ミ ミ ミ ド ド ド ソ ド

おもちゃのチャチャチャ

作詞：野坂昭如　補作詞：吉岡 治　作曲：越部信義

〜2歳　3歳　4歳　5歳

「チャチャチャ」の部分だけ歌うグループとそれ以外を歌うグループに分かれても。「チャチャチャ」組は手拍子をとって。

♩=126
おもちゃのチャチャチャ おもちゃのチャチャチャ チャチャチャおもちゃの チャチャチャ
1. そらにキラキラ おほしさま みんなすやすや ねむるころ おもちゃははこを とびだして おどるおもちゃの チャチャチャ
2. なまりのへいたい トテチテタ ラッパならして こんばんは フランスにんぎょう すてきでしょ はなのドレスで チャチャチャ
3. きょうはおもちゃの おまつりだ みんなたのしく うたいましょ こひつじメエメエ こねこはニャー こぶたブースカ
4. そらにさよなら おほしさま まどにおひさま こんにちは おもちゃはかえる おもちゃばこ そしてねむるよ
to Φ
1.2.

3.
G7 C
ソ シ ド
チャ チャ チャ
レ ファ ソ ミ ド
C
ド ミ ソ ラ ミ
ド ラ ソ ラ ソ ド ラ ソ
G7
ファ ソ ファ♯ ソ ファ♯ ソ ファ♯
レ ソ ファ ソ ファ ソ
G7
シ レ ファ ラ ファ♯
ソ ソ ファ ミ レ
レ ソ ファ ソ ファ レ ソ ファ
レ ソ ファ ソ ファ ソ
D.S.
Coda
G7 C
ソ シ ド
チャ チャ チャ
ソ ファ ソ ミ ド
C
ド ド ド ミ ラ ラ ラ
お も ちゃ の チャ チャ チャ
ド ラ ソ ラ ソ ラ ソ
G7
レ レ レ ファ ソ ソ ソ
お も ちゃ の チャ チャ チャ
レ ソ ファ ソ ファ ソ ファ
ソ ソ ソ♯ ラ ラ ラ ソ♯
チャ チャ チャ お も ちゃ の
ソ ソ
1.
G7 C
ソ シ ド
チャ チャ チャ
レ ファ ソ ミ ド
2.
G7
ソ シ
チャ チャ
レ ファ ソ
C
ド
チャ
ミ ド ド

夕焼け小焼け

作詞：中村雨紅　作曲：草川 信

～2歳　3歳　4歳　5歳

夕焼けは、夕日で空が赤い色になること。そんな空の色が見えたとき、「夕焼けだね」と子どもに話しかけてみましょう。

♩=84
C G7 C C F G7 C F G7 C F C Dm G C C Dm G7 C
1. ゆうやけ こやけで ひがくれて やまの おてらの かねがなる おーてて つないで みなかえ ろう からすと いっしょに かえりましょう
2. こどもが かえった あとからは まるい おおきな おつきさま ことりが ゆめをー みるころ は そらには きらきら きんのほし

PART 5

手あそびうた

子どもたちが大好きな手あそび。
ここでは、すぐに覚えて楽しめる定番の手あそびうたを、
イラストとともにやさしく紹介します。

パンダうさぎコアラ

作詞：高田ひろお　作曲：乾 裕樹

～2歳　3歳　4歳　5歳　♪原曲：ニ長調

NHK『おかあさんといっしょ』からうまれた手あそびうた。シンプルな動作のくり返しで、低年齢児から遊べます。

あそびかた

「おいでおいでおいでおいで」「パンダ」「うさぎ」「コアラ」の４種類の言葉に合わせて動きましょう。

あそびのきっかけづくり

「パンダさんは目のまわりが黒いね。うさぎさんは耳が長ーいの。コアラさんは両手でしっかり木に抱きついているよ…」と、それぞれポーズの意味を伝えてから遊びましょう。

♪おいでおいで おいでおいで

両手で手招きをします。

♪パンダ

両手を輪にして目のまわりにつけます。

♪うさぎ

両手をあげてうさぎの耳を作ります。

♪コアラ

両手で、コアラのように木に抱きつくしぐさをします。

むすんでひらいて

作詞：不詳　作曲：J.J. Rousseau

～2歳　3歳　4歳　5歳

手あそびうたの定番曲。あげた手をおひさまに見立て、キラキラさせるバリエーションもあります。

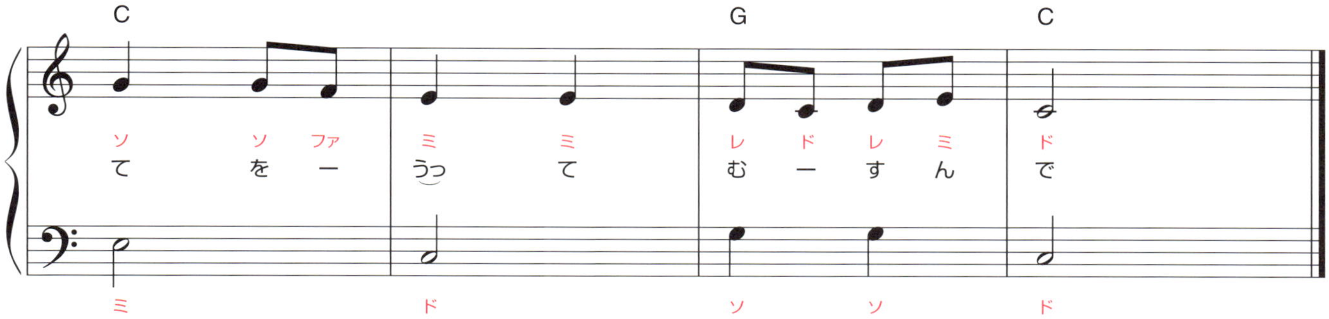

あそびかた

あそびのきっかけづくり

「むすんで」はグー、「ひらいて」はパー、「てをうって」は手をたたくしぐさをします。まずはこの基本の動きを、歌いながらゆっくりやって見せましょう。

1 むすんで

両手を握り、リズムに合わせて上下に４回振ります。

2 ひらいて

両手を開いて、リズムに合わせてその場で４回振ります。

3 てをうって

拍手を４回します。

4 むすんで

両手を握って上下に４回振ります。

5 またひらいて

2 と同じ。

6 てをうって

3 と同じ。

7 そのてをうえに

両手を開いて上にあげます。

8 むすんで～むすんで

1 ～ **4** をくり返します。

げんこつやまのたぬきさん

わらべうた

～2歳　3歳　4歳　5歳

4～5歳児の場合は、2人組になって、「またあした」の「た」でジャンケンポンをしても楽しいでしょう。

あそびかた

あそびのきっかけづくり

「げんこつ山に住んでいるたぬきさんは、まだ赤ちゃんなんだって。『抱っこしてー』『おんぶしてよーっ』と言っていますよ」などと情景を話してからあそびましょう。

1 げんこつやまの たぬきさん

右手と左手の握りこぶしを、交互に上下に打ち合わせます。

2 おっぱいのんで

両手の握りこぶしを重ね、口もとにつけます。

3 ねんねして

両手のひらを合わせて、左右のほほに当てます。

4 だっこして

右手と左手を胸の前で重ねます。

5 おんぶして

両手を背中に回して、おんぶのしぐさをします。

6 またあした

かいぐりをしてジャンケンします。

ワンポイントアドバイス

跳ねるイメージで

明るくユーモラスな雰囲気のわらべうたです。4分音符の「おっ」「ぱい」「のん」「で」などもすべて跳ねるイメージ（♫）で演奏しましょう。

地方によって異なる場合も

原曲はわらべうたですが、NHKの子ども番組に取りあげられたときにこのような歌詞に改詞されたといわれています。そのため、「またあした」の部分が地方によっては「かざぐるま」とか「ジャンケンポン」などと歌い継がれることがあります。詞は異なっても、この部分は「かいぐり」（グーに握った手を、腕をくぐらせるように回す）をしたあとにジャンケンの手を出す、というのが共通のあそびかたです。

グーチョキパーでなにつくろう

訳詞：不詳　作詞・作曲：フランス民謡

～2歳　3歳　4歳　5歳

グー・チョキ・パーを組み合わせたら、どんな形のどんなものができるか、みんなで考えてみましょう。

あそびかた

あそびのきっかけづくり

「ジャンケンのグーは、石ころみたいだね。チョキはハサミの形。パーは紙かな？」などと言いながら、ひとつひとつの形を確認し、あそびに入るようにします。

1 グーチョキパーで グーチョキパーで

歌に合わせて、両手でグー、チョキ、パーを作ります。

2 なにつくろう なにつくろう

腰に手をあてて、体を左右に揺らします。

3 みぎてがパーで ひだりてパーで ちょうちょうさん ちょうちょうさん

右手をパーにして前に出し、次に左手も同様に前に出します。両手の親指を重ね、残りの指を蝶の羽のように動かします。

2番 みぎてがチョキで ひだりてグーで かたつむり かたつむり

1、**2** は1番と同じようにして、**3** で歌詞に合わせて右手でチョキ、左手でグーを出します。チョキの上にグーを乗せて、かたつむりのように動かします。

あそびのアイディア

右手と左手で…何に見えるかな

慣れたら、右手と左手を組み合わせて何に見えるか、歌に折り込んであそんでみましょう。保育の現場で子どもたちが考えたアイディアを参考にしてみてください。

- グーとグーを前に出して「ボクシング」
- グーの上にチョキを乗せて「ドライヤー」
- パーの手のひらをグーでたたいて「ハンコをポン」

勝ち負けジャンケンと形ジャンケン

ジャンケンあそびには、勝負をつける「勝ち負けジャンケン」と、形をいろいろなものに見立てる「形ジャンケン」があり、この曲は形ジャンケンの代表格ともいえます。2歳くらいから歌うことができますが、リズムに合わせて「チョキ」の形が正しく出せるのは3歳後半くらいからです。4歳まではチョキが出せるよう、こうした「形ジャンケン」のあそびを保育の中に積極的に取り入れてみてください。

とんとんとんとんひげじいさん

作詞：不詳　作曲：玉山英光

〜2歳　3歳　4歳　5歳

「こぶ」や「ひげ」の絵なども見せながら、グーの手を使っていろいろなおじいさんを表現してみましょう。

あそびかた

あそびのきっかけづくり

「とんとん…」のこぶし打ちは、上下の手を入れ替えながら打ち合わせます。この部分をゆっくりとくり返し練習してから、うたに合わせて遊びます。

1 とんとんとんとん

両手で握りこぶしを作り、左右交互に上下に打ち合わせます。

2 ひげじいさん

あごの下で、両手の握りこぶしを重ねます。

3 とんとんとんとん こぶじいさん

1 をしてから、ほほに握りこぶしをつけます。

4 とんとんとんとん てんぐさん

1 をして、鼻の頭の上で握りこぶしを重ねます。

5 とんとんとんとん めがねさん

1 をして、両手で輪を作って両目にあてます。

6 きらきらきらきら

両手を開き、手首を回してひらひら振りながら下におろします。

7 てはおひざ

両手をひざの上にのせます。

あそびのアイディア

とんとんとんとん じいさんが…！？

慣れてきたら、○○じいさんのあとに相の手を入れて遊びを盛り上げてみましょう。

(例)

- **ひげじいさん「ビヨーン」**…あごにつけた下のこぶしを前に伸ばす。
- **こぶじいさん「ポロッ」**…ほほにつけたこぶしを下に落とす。
- **てんぐさん「ポキッ」**…鼻につけたこぶしのうち、前方を折るようにして下に落とす。
- **めがねさん「ズリッ」**…両手を前方にずらして鼻めがねにする。

いっちょうめのどらねこ

作詞・作曲・振付：阿部直美

〜2歳　3歳　4歳　5歳

「どらねこ（ドレミミ）」が、ドレミファと歌われがちなので、注意しましょう。付点のリズムを大切に。

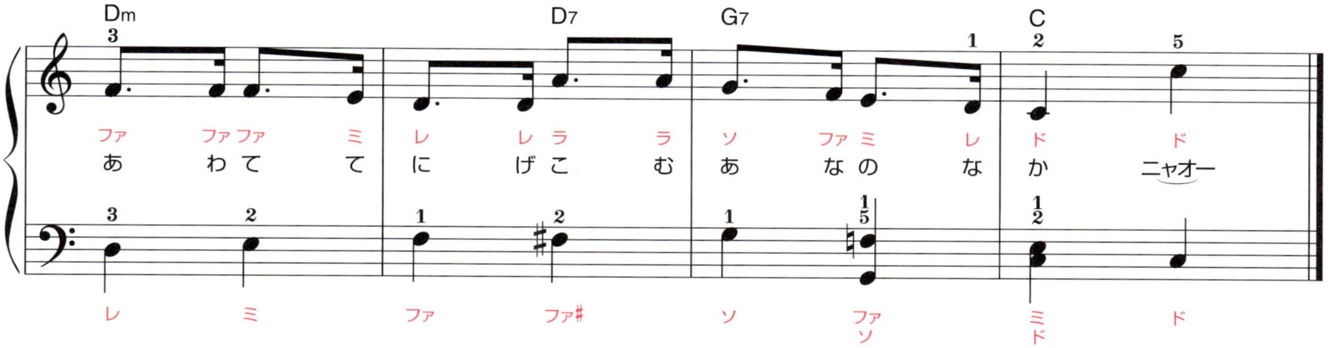
Dm D7 G7 C
ファ ファ ファ ミ レ レ ラ ラ ソ ファ ミ レ ド ド
あ わ て て に げ こ む あ な の な か ニャオー
レ ミ ファ ファ# ソ ファ ソ ミ ド ド

あそびかた

あそびのきっかけづくり

「一丁目のねこはとってもやんちゃなどらねこさん、二丁目は真っ黒いクロねこ、三丁目は3色のミケねこ、四丁目にはトラのような模様のトラねこさんが住んでいました」などと、ネコの特徴を話してからあそびましょう。

1 いっちょめのどらねこ～ごちょめのネズミは

左手を広げ、右手の人さし指で、「いっちょめ」は親指、「にちょめ」は人さし指…の順で、歌に合わせて指先をたたきます。

2 おいかけられて

両手の人さし指を出し、追いかけっこをしているように一方向に動かします。

3 あわてて にげこむ

2 の動作を反対方向に向けて行います。

4 あなのなか

左手を軽く握って穴を作り、右手の人さし指をその中に入れます。

5 ニャオー

両手を開き、ねこの耳のように頭につけます。

ワンポイントアドバイス

追いかけっこを表現

「(五丁目のネズミは) おいかけられて あわててにげこむ」の部分は、片方の人さし指をネズミ、もう一方をねこに見立て、ねことネズミが追いかけっこしている場面を表現しましょう。人さし指の第二関節を曲げたり伸ばしたりすると、追いつ追われつしている様子がよくわかります。

てんぐのはな

作詞・作曲・振付：浅野ななみ

~2歳　3歳　4歳　5歳

シンプルな音とメロディで構成されているので、乳児から２～３歳児がすぐできる手あそびとして人気のある作品です。

あそびかた

あそびのきっかけづくり

「右手をグー、左手をグーにして鼻につけたら、てんぐさんの鼻になっちゃった！ おっとっとっと…こんなに長く伸びたよ」と、“このくらい”のサンプルを示してから遊びましょう。

1 てんぐのはなは ながいぞ

人さし指で自分の鼻の頭をたたきます。

2 おっとっとっと このくらい

手をグーにして鼻先につけ、少しずつ前に伸ばして適当なところで止めます。

2番

1 ぞうのみみは でっかいぞ

2 おっとっとっと このくらい

1 で両手を耳のところにつけ、2 でそれを外側に向けて動かします。

3番

1 ありのくちは ちっちゃいぞ

2 おっとっとっと このくらい

1 で両手を口の横に添え、2 で両手を内側に向けて押し、口をすぼめるようにします。

あそびのアイディア

大小や長短をユーモラスに見せて

低年齢児にとっては、てんぐもぞうも、まだあまりなじみがありません。まずは「長い」「でっかい」「ちっちゃい」を表現することが楽しいと思えれば、それで充分です。そのために保育者は、「おっとっとっと」の部分をわざとジグザグに伸ばしたり、渦巻き状に手を広げたり…など、あそび心たっぷりにユーモラスなしぐさで見せましょう。「おっとっとっと」で、握りこぶしを長～く伸ばし、「このくらい」でちょうどよい長さに戻してもよいでしょう。

おはなしゆびさん

作詞：香山美子　作曲：湯山 昭　振付：阿部直美

～2歳　3歳　4歳　5歳

カラー軍手に、指の家族の顔を縫いつけた手袋人形を作り、子どもたちに見せながら歌っても楽しいでしょう。

♩=110
F　C7　F　F
1. こ の ゆ び パ パ
2. こ の ゆ び マ マ
3. こ の ゆ び にい さん
4. こ の ゆ び ねえ さん
5. こ の ゆ び あか ちゃん
F　C
ふ と っ ちょ パ パ　や あ や あ や あ や あ
や さ し い マ マ　ま あ ま あ ま あ ま あ
お お き い にい さん　オ ス オ ス オ ス オ ス
お しゃ れ な ねえ さん　ア ラ ア ラ ア ラ ア ラ
よ ち よ ち あか ちゃん　ウ マ ウ マ ウ マ ウ マ
C7　F　B♭　C7　F
ワ ハ ハ ハ ハ ハ ハ
ホ ホ ホ ホ ホ ホ ホ
ヘ ヘ ヘ ヘ ヘ ヘ ヘ
ウ フ フ フ フ フ フ
ア ブ ブ ブ ブ ブ ブ
お ー はな し す る

あそびかた

あそびのきっかけづくり

5本の指を見せて、「親指はお父さん、人さし指はお母さん、背の高い中指はお兄さん、薬指はお姉さん、小指は赤ちゃんですよ」と、指の名称を知らせてからあそびに入りましょう。

1 このゆびパパ ふとっちょパパ

親指を立て、前に4回押し出します。

2 やあやあやあやあ

立てた親指を内側に4回ふります。

3 ワハハハハハ

指を振りながら回します。

4 おはなし

両手を胸の前で交差させます。

5 する

言葉に合わせて、手拍子を2回打ちます。

● 2番は人さし指（ママ）、3番は中指（にいさん）…と、歌詞に合わせて指を替えながら続けましょう。

ワンポイントアドバイス

役柄に合わせた動きを考えて

5本の指をフィンガーファミリーに見立てたうたです。もとは子どもの歌曲でしたが、歌っているとそれぞれの指を自然と動かしたくなり、振りをつけて歌うことが多くなってきました。お父さん指は、大声で元気に「ワハハ…」と笑っているイメージで親指を振ります。同様に、それぞれの役に合わせて、お母さんはやさしく、お兄さんはいたずらっ子のように…と、歌詞と動作の両方で役柄を表すとよいでしょう。

パンやさんにおかいもの

作詞：佐倉智子　作曲：おざわたつゆき　振付：阿部直美

～2歳　3歳　4歳　5歳

１番は、お客さんがパン屋さんの顔を触り、２番では倍返しのつもりで、パン屋さんがお客さんを大げさに触りましょう。

♩=126
1. パン パン パン やさん に
2. ホイ ホイ た く さ ん
おかいもの
まいどあり
サンドイッチに メロンパン ねじりドーナツ
パンのみみ
チョコパンふたーつ くださいな
はいどうぞ

あそびかた

パン屋さん役とお客さん役に分かれて遊びます。2 番は役を交代して行いましょう。あそびかたは 1 番と同じです。

あそびのきっかけづくり

最初に「パン屋さんには、いろいろなパンがあります。ハムをぎゅっと挟んだサンドイッチ、目玉みたいに丸いメロンパン…」と言いながら、自分の顔を触って遊んでみましょう。

1 パンパンパンやさんに おかいもの

互いに向かい合って拍手をします。

2 サンドイッチに

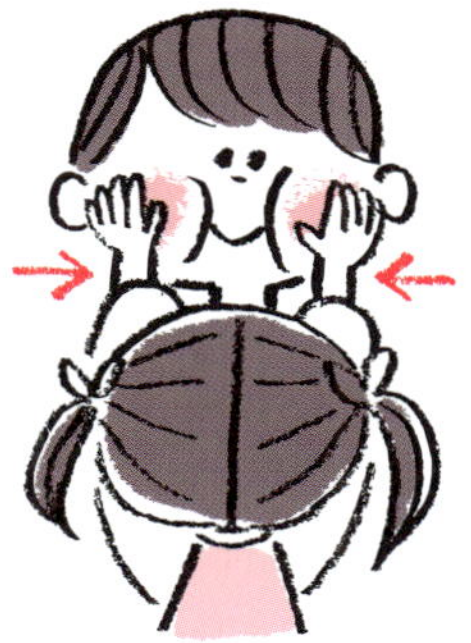

お客さんは、パン屋さんの両ほほをはさみます。

3 メロンパン

両目の下を軽く押さえます。

4 ねじりドーナツ

鼻をつまんでねじります。

5 パンのみみ

両耳をひっぱります。

6 チョコパンふたつ

両脇をくすぐります。

7 くださいな

拍手を 2 回したあと、2 人とも両手を前に出します。

あそびのアイディア

パンの名まえ当てっこ

「耳のあるパンって何かな？（答え：食パン）」といったクイズであそびながらパンの名称を覚えても楽しいですね。また、パンの耳と人間の耳が掛け言葉になっているおもしろさも伝えましょう。歌うときは、1 番の「パンやさんに」と 2 番の「たくさん」はメロディが少し異なる点に注意。最後の「くださいな」「はいどうぞ」も同様です。明るく元気に、付点音符のはずんだリズムを生かすように歌います。

山ごやいっけん

訳詞：志摩 桂　作詞・作曲：アメリカ民謡

～2歳　3歳　4歳　5歳

「かわいいうさぎ」では、右手をチョキにして立て（うさぎに見立てる）、立てた指を耳のように振るというあそびかたも。

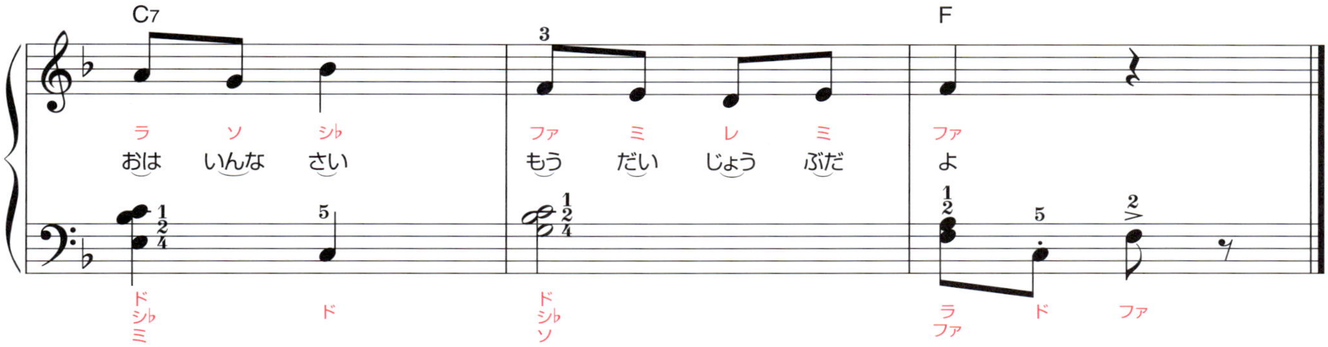
C7
ラ ソ シ♭
おは いんな さい
ファ ミ レ ミ
もう だい じょう ぶだ
F
ファ
よ
ド シ♭ ミ
ド
ド シ♭ ソ
ラ ファ
ド
ファ

あそびかた

あそびのきっかけづくり

「山ごやに住んでいるおじいさんのところに、うさぎさんが大慌てでピョンピョンと駆けてきました。一体どうしたのかな？」と話してから手あそびを始めるとよいでしょう。

1 やまごや いっけん ありました

両手で家の形を空中に描きます。

2 まどからみている おじいさん

右手を額にあてて、ながめるしぐさをします。

3 かわいいうさぎが～ こちらへにげてきた

両手でうさぎの耳を作り、曲に合わせて左右に振ります。

4 たすけてたすけて おじいさん

両手を握りしめ、震えるしぐさをします。

5 りょうしのてっぽう こわいんです

両手で鉄砲を打つまねをします。

6 さあさあはやく おはいんなさい

片手で手招きをしたあと、家に招き入れる動作をします。

7 もうだいじょうぶだよ

胸で両手を組み、首を左右に振ります。

ワンポイントアドバイス

「まどから～おじいさん」は、腰をかがめて遠方を見るしぐさをすると、より人物像がくっきりします。また「たすけて たすけて」はこの振付にとらわれず、全身でブルブル震えたり、両手を頭上で振ったりして、怖がっているうさぎを自由に表現しましょう。

さあみんなで

作詞・作曲・振付：浅野ななみ

〜2歳　3歳　4歳　5歳

誕生会や全園児が集う集会などで、みんながすぐできる手あそびうたです。なるべく隣の人と近づいて座りましょう。

あそびかた

あそびのきっかけづくり

「お友だちがたくさん集まりましたよ。『肩たたこう』と歌ったら右手で右隣の人の肩を、『ひざたたこう』では左手で左隣の人のひざをたたいてみましょう」と、まずたたきかたを練習しましょう。

1 さあ みんながみんなが あつまった

1列になって座り、うたに合わせて拍手をします。

2 おとなりさんの かたたたこう

右隣の人を指さしたあと、肩をたたきます。

3 おとなりさんの ひざたたこう

左隣の人を指さしたあと、ひざをたたきます。

4 いっしょに トントントントントントン

右隣の人の肩と、左隣の人のひざを同時にたたきます。

あそびのアイディア

作詞者による替えうたも

慣れてきたら、右の替えうたで遊んでも楽しいでしょう。また、「ひざたたこう」を「鼻つまもう」などとしても遊べます。

◆替えうた（作詞／浅野ななみ）

1 さあ みんながみんなが あつまった
歌に合わせて拍手します。

2 じぶんの ひざたたこう
両手で自分の両ひざをたたきます。

3 おとなりさんの ひざたたこう
両手で右隣の人の両ひざをたたきます。

4 もひとつとなりの ひざたたこう
両手でさらにひとつ右の人の両ひざをたたいてみましょう。ちょっときついので、体をぐっと伸ばしましょう。

5 さあ みんながみんなが あつまった
1と同じ。

曲名 さくいん

歌い出し さくいん

監修　阿部直美（乳幼児教育研究所）

瀬戸市はちまん幼稚園の園長、聖心女子大学講師を経て、現在、乳幼児教育研究所所長。子どものうたの作詞・作曲家としてNHK幼児番組などに作品を提供。「さくらともこ」のペンネームで絵本作家としても活躍している。また、自作の絵本をもとに「絵本からオペレッタへ」という活動を展開し、その作品は、子どもの表現を引き出しやすいオペレッタとして、保育現場から注目を集めている。

代表作

『阿部直美の初めてでも弾ける保育ソング101　春夏編』（世界文化社）
『阿部直美の初めてでも弾ける保育ソング101　秋冬編』（世界文化社）
『指あそび手あそび100』（チャイルド本社）
CD『阿部直美の手あそび歌あそび　全5巻』（日本コロムビア）
オペレッタ『ともだちほしいな おおかみくん』（メイト）　ほか多数

ピアノアレンジ　安藤ひろこ、喜《き》多《た》形《かた》寛《ひろ》丈《たけ》、平沼みゅう（50音順）
アレンジ協力　Amy Kawauchi、田中啓介、永田友紀、服部響、服部恵（50音順）

装丁・デザイン　有限会社チャダル108
カバーイラスト　Igloo＊ dining＊
本文イラスト　すずきあさこ
浄書　有限会社ハンズ・エム
編集　株式会社童夢

保育のピアノ伴奏　子どもの大好きなうた150曲

2011年11月20日　第1刷発行
2024年6月1日　第16刷発行

監修者　阿部直美
発行者　吉田芳史
印刷所　図書印刷株式会社
製本所　図書印刷株式会社
発行所　株式会社 日本文芸社
〒100-0003　東京都千代田区一ツ橋1-1-1　パレスサイドビル8F
TEL 03-5224-6460(代表)

Printed in Japan　112111115-112240517 Ⓝ 16　(181608)
ISBN978-4-537-20949-5

URL https://www.nihonbungeisha.co.jp/

日本音楽著作権協会（出）許諾第1114392-416号
編集担当　石原